事業者必携

改訂新版
記載例つき

民泊ビジネス運営のための

住宅宿泊事業法と旅館業法のしくみと手続き

行政書士
服部 真和［監修］

三修社

本書に関するお問い合わせについて

　本書の内容に関するお問い合わせは、お手数ですが、小社あてに郵便・ファックス・メールでお願いします。お電話でのお問い合わせはお受けしておりません。内容によっては、ご質問をお受けしてから回答をご送付するまでに1週間から2週間程度を要する場合があります。

　なお、個別の案件についてのご相談や監修者紹介の可否については回答をさせていただくことができません。あらかじめご了承ください。

はじめに

「民泊」というビジネスが日本に普及し、もう10年近く経とうとしています。新型コロナウイルスの感染拡大前には、多くの外国人観光客が日本を訪れる一方で、宿泊施設の不足が問題となり、民泊ビジネスが急速に普及していました。

感染拡大後には多くの民泊ビジネスが落ち着きを見せましたが2023年末には外国人旅行者の数がコロナ前の水準に戻り、宿泊需要の回復を示しています。

2023年の旅館業法改正では、特定の要求行為を行う客に対して宿泊を拒否することを可能にしたり、事業譲渡による許可承継を認めるなど、政府は引き続き旅館業の発展を後押ししています。

また、住宅宿泊事業法施行規則も改正され、住宅宿泊管理業に必要な体制の要件として、所定の講習を受講した者も認められるようになりました。

このように今現在も、民泊ビジネスには市場や政府から、大きな注目を集めています。

この本では、これらの状況を踏まえ、旅館業法や住宅宿泊事業法について基礎から実務に対応できるレベルまで掘り下げ、民泊全般に関する基礎知識を解説しています。

さらに、民泊ビジネスとしての建築基準法や消防法などの関連法令についても取り上げています。

民泊トラブルを未然に防ぐための考え方や方策も、最新の事例を踏まえて解説しています。

既存の民泊ビジネス事業者をはじめ、これから新規参入される方など、民泊に関わるすべての皆様に、本書をお役に立てて頂ければ、監修者として幸いです。

監修者　行政書士　服部　真和

Contents

第３章 民泊ビジネスと旅館業の関係

Q & A

第１章

民泊をめぐる法律としくみ

1 なぜ民泊ビジネスのニーズが高まっているのか

外国人観光客の受け入れ対策と空き家対策という背景があった

◉ 民泊とはどのようなサービスなのか

民泊とは、広い意味では、「一般の住居に泊めること」を意味しますので、本来的には有料であるか無料であるかは関係ありません。しかし、マスメディアなどで紹介され、大きく話題になっている「民泊」は、主にビジネスモデルとしての「民泊」です。つまり、自分が居住用に使用している家や別荘、投資目的で所有している部屋などを、AirbnbやBooking.com、STAY JAPANなどの民泊仲介サイト（13ページ）に掲載することで、観光客などに紹介し、宿泊施設として有料で貸し出すサービスのことを指します。

かつて、2014年前後のインバウンドを受けた民泊ブーム黎明期では、「民泊」という言葉は、通称として用いられる用語であり、旅館業の許可取得の有無などは区別されていませんでした。

しかし、2017年６月に成立した「住宅宿泊事業法（民泊新法）」により、初めて法律用語としての民泊が定義付けられ、「住宅宿泊事業」と称されることになりました。

この「住宅宿泊事業法」を踏まえると、法律用語としての民泊とは「①住宅を活用して宿泊料を受けて、宿泊サービスを提供すること」をいい、かつ「②旅館業に基づく営業者以外の者が営むもの」のすべてを指します。

◉ なぜ民泊がブームになったのか

2014年前後に、日本で民泊ビジネスが拡大した背景には、次の２つの理由があります。まず一つ目は、増加し続ける外国人観光客の受け入れ先として、非常に需要が高くなっていた、という点です。

当時、日本政府は、日本を訪れる外国人観光客数を増加させるため、外国人向けの観光業に非常に力を入れていました。2016年３月に行われた「明日の日本を支える観光ビジョン構想会議」においては、訪日外国人観光客数を、「2020年までには4000万人、2030年までには6000万人を目標にする」と掲げ、また、こうした取り組みが功を奏して、実際にコロナウィルス感染拡大までは、日本を訪れる外国人観光客数も、年々右肩上がりに増加していました（2019年で3180万人）。

その一方で、2017年までは、増加する外国人観光客を受け入れるだけの環境が、まだ十分に整備されていない状況だったのです。

特に、ホテルなどの宿泊施設が足りていないという点は、非常に深刻な問題で、新しいホテルを建設するという方法もあります

■ 訪日外国人の民泊等利用率の推移

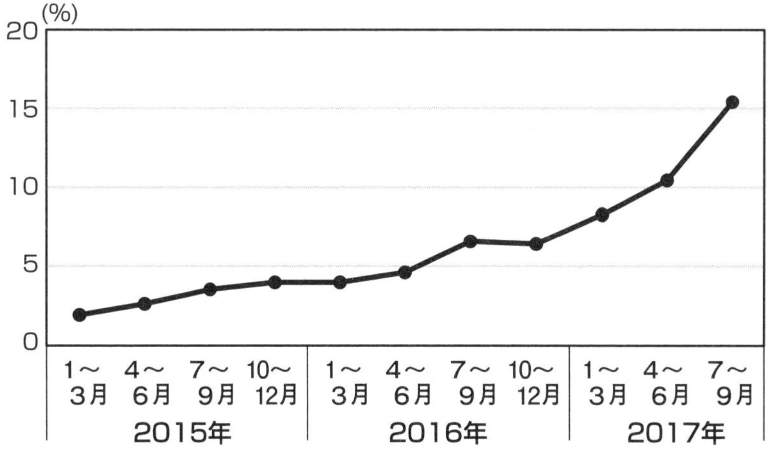

※「民泊等」とは、ホテル、旅館、別荘、親戚・知人宅、ゲストハウス以外を指す。
※ 観光庁「平成29年訪日外国人消費動向調査」を基に作成。

が、建材費の高騰や法的な規制などとの兼ね合いがあり、増加する観光客をカバーできるだけの新設ホテルを短期間に用意することが困難だったのです。

そこで、民泊によって、こうした需要に応えようという動きが盛んになったわけです。また、民泊は、外国人観光客側にとっても関心の高い滞在方法とされていました。

民泊ビジネスが拡大したもう１つの理由は、空き家対策の一手段と考えられていた点にあります。日本の住宅は、高度経済成長期から大量に供給され続けてきました。

しかし、2008年頃から人口が減少に転じた状況下では、住宅は飽和状態になりはじめました。さらに、核家族化の進行なども相まって、独居生活の高齢者が増えていることも原因となっています。その高齢者が亡くなったり、施設に入所した、というような事態をきっかけに、その住宅には誰も住まなくなり、そのまま放置されてしまう、という現象が、全国各地で後を絶たないのです。

こうした空き家問題は、地方や郊外の地域だけにとどまらず、都市部においても非常に深刻な社会問題となっています。

手入れの行き届かなくなった空き家は、建物の老朽化による倒壊、不審者の侵入、害虫の発生、放火、ゴミの不法投棄など、治安面や衛生面において、地域環境に大きな悪影響を及ぼします。

誰も住まなくなった空き家を手入れするにはそれなりの労力が必要ですし、建物を取り壊すにもかなりの費用が必要になります。

そこで、空き家となった建物を民泊に活用し、収益化するというビジネスが盛んになったわけです。今ある建物を利用することで、単なる空き家とせず、利益も生むのであれば、非常に有効な資産運用方法だという認識が広がりました。

しかし、必ずしも空き家を宿泊施設にすることだけが、問題解決につながるわけではないことに注意する必要があります。

民泊は、前述したような外国人観光客の急増に伴う宿泊施設の不足に対しても有効な策として注目を集めていますが、その一方で、宿泊客による騒音やゴミ出しなどをめぐる近隣トラブルの問題も指摘されており、周辺住民にとっては、空き家のままの方がよかったという事態に陥ることさえあり得ます。

このような複雑な事情を踏まえて、旅館業法や住宅宿泊事業法に対する規則や条例などのルール作りが政府や自治体でも慎重に進められたわけです。

■ 主な民泊仲介サイト

Airbnb （エアビーアンドビー）	世界192か国、33000都市で80万以上の宿を提供する代表的な民泊仲介サイト。
STAY JAPAN	日本初の民泊総合サイト。日本の企業が運営しているサイトであり、宿泊保険が充実しているので安心感がある。
とまりーな	STAY JAPANのうち、農林漁業体験に特化した民泊サイト。地方部の農家民泊を運営したいホストにおすすめのサイト。
HomeAway	アメリカテキサス州に本社を置く民泊仲介サイト。エアビーアンドビーに比べると利用者数は少ないが、エアビーアンドビー同様ホスト側の手数料が3％と割安なのが魅力。
Roomstay	日本の企業が運営する民泊仲介サイト。手数料は3割と高めだが、利用にはソーシャルメディア認証を要求するなど安心・安全なしくみになっている。

2 民泊を規制する法律について知っておこう

従前からの旅館業法に対する住宅宿泊事業法と特区民泊条例

◉ 民泊と「ゲストハウス」「簡易宿所」との相違点とは

民泊は一般的に、「一般の住居に泊まること」というように解釈されています。そこで、この民泊という概念をもう少し正確に理解するために、民泊と混同しやすい「ゲストハウス」や「簡易宿所」といった他の用語との違いをおさえておきましょう。

まず、ゲストハウスとは、法律上の定義はなく、バックパッカーなどによく利用されている宿泊施設を指す呼称です。複数人が１つの空間に宿泊をする形態で、シェアハウスやドミトリー、ホステルとも呼ばれています。

宿泊費をかなり安く抑えることができるという点と、知らない人同士が交流を深めることができるという点が特徴で、異文化交流を好むゲストが宿泊するためにこのように呼ばれました。

これに対して、簡易宿所とは、旅館業法に定められている区分のひとつです。従前は、民宿やカプセルホテルなどの許可取得時に利用されてきた区分です。ゲストハウスも簡易宿所の区分を用いて許可が取得されています。

旅館業法は、簡易宿所の他にも、「旅館・ホテル」「下宿」という２つの営業区分もあり、それぞれ、許可を取得するために必要な要件が異なっています。住宅宿泊事業法が成立するまでは、適法な民泊といえば、ほとんどが旅館業法上の簡易宿所の許可を取得していることを指していました。

◉ 民泊と法規制

住宅宿泊事業法が施行されるまでは、住居に宿泊させる民泊は、それが対価（宿泊料）を得て人を宿泊させる営業の場合、旅館業法の規制を受け、行政の許可を得る必要がありました。

しかし、旅館業法に定められた要件は厳しく、簡単に営業許可を取得することができず、民泊施設の中には旅館業法上の許可を得ていない違法状態で営業を行っているケースが散見され、大きな問題となりました。

旅館業法上の営業許可を得ずに、有償で営業行為として民泊を営むことは、無許可営業として取締の対象となるため、民泊の流行に伴い、違法民泊の摘発事例も増加していきました。

しかし、その一方において、民泊施設を年々増加傾向にある外国人旅行客の宿泊施設の受け皿として捉える者が増加していることも民泊に対する需要の高まりを考慮すれば、否定できない部分もありました。

そこで、まず政府や自治体は、国家戦略特区による民泊特区条例の制定や旅館業法施行令の一部改正（主に面積要件の緩和）によって、民泊についての規制緩和を講じたのです。

ところが、これだけでは完全なニーズに応えることが難しかったために、新しい民泊制度である「住宅宿泊事業法」が2018年に施行されました。

つまり、住宅宿泊事業法とは、旅館業法の許可取得が困難なケースに対して、一定の規制と監督は伴うものの、緩和した要件によって許容していくという経緯で出来た法律です。ただし、国民生活の安定と向上にも寄与することを目的にするなど、事業者以外に対する配慮もなされています。

◉ 旅館業法の規制対象となる基準

旅館業法には、旅館業の定義や、営業許可を与える基準等が定められています。旅館業とは「宿泊料を受けて人を宿泊させる営業」と定義付けがなされています。つまり、旅館業とは、①宿泊料を受けて、②人を宿泊させる、③営業行為だといえます。

ここにいう営業とは、不特定多数の人を対象に、反復継続して有料で宿泊させる行為を指します。したがって、年1回開催されるイベントのため、自治体からの要請で自宅を提供する、「イベント民泊」は、反復継続性が認められないことから、営業には該当せず、旅館業法上の許可を受ける必要はありません。また、無償で知人を自宅へ泊める行為も、広く民泊の定義に含まれるとしても、旅館業にはあたらず、営業許可がなくても違法行為とはなりません。

ただし、「Airbnb」や「Booking.com」など、民泊を仲介するWebサイトに宿泊施設を掲載した場合、たとえ実際には営業目的がなかったとしても、「不特定多数の人を対象」として「反復継続して」宿泊させる意思があるものと判断されてしまうことから、現在ではこれらの民泊仲介サイトに掲載する際には旅館業の許可番号などが求められます。

旅館業法の規制対象になる場合、衛生設備だけでなく消防設備や建築基準などの適合が義務付けられています。

そのため、簡易宿所営業としての民泊を行うためには、提供する住宅などを簡易宿所に適合するよう建物の用途変更や、衛生設備・消防設備を備える必要があり、リフォーム費用がかさむだけでなく、いくら規制緩和されたといっても、設備・構造要件は厳しく、許可取得には依然高いハードルが存在しています。

◉ 民泊は賃貸業ではないのか

賃貸借契約の中には定期借家契約と呼ばれる契約があります。

これは、契約で定めた期間が終了した時点で、契約の更新はなく確定的に契約が終了する制度で、契約期間は自由に設定することができます。そのため日単位や週単位、月単位で契約期間を定めることも可能とされています。とすれば、日単位で定期借家契約を締結して、旅行者に民家を提供することはできないのでしょうか。定期借家契約を利用して民泊ができれば、旅館業法上の営業許可を受ける必要はなく、簡単に民泊ビジネスを始めることができます。

しかし、特区民泊を除き、賃貸業と旅館業とはまったく異質のものであり、両者は、①衛生上の管理責任が誰にあるか、②宿泊者がその宿泊する部屋に生活の本拠があるか否か、という２点において決定的な違いがあります。つまり、旅館業であれば、衛生上の管理責任は事業者にあり、宿泊者はその宿泊する部屋に生活の本拠を有しないことになります。これに対し、賃貸業では、管理責任は原則として借主にあり、借主は借り受けた部屋に生活の本拠を有していることになります。

これを民泊にあてはめた場合、旅行者は、わざわざ宿泊する部屋に住民票を移すようなこともしませんし、生活の本拠を移したとは考えないでしょう。つまり、民泊は賃貸業ではなく旅館業に含まれることになります。これらを踏まえて、短期間の賃貸借契約であったとしても、合法的に民泊ビジネスを行うには旅館業法上の許可を取得する必要があります。

◉ 旅館業法の特例制度

ただし、旅館業法上の簡易宿所の許可を取得する以外にも、短期間の賃貸契約による方法で、適法に民泊施設を営むことができる特例制度として特区民泊（正式名称は「国家戦略特別区域外国人滞在施設経営事業」）が利用できる都道府県もあります。

この制度は、国が「国家戦略特別区域（以下、「特区」といいます)」と指定した区域内で営業しようとする場合で、その区域に特区民泊に関する条例が制定されていれば、旅館業法上の許可や、住宅宿泊事業法上の届出を行わない賃貸契約による宿泊営業が可能となります。

2023年１月時点では、東京都大田区と、千葉市、新潟市、大阪府、大阪市、寝屋川市、八尾市、北九州市という８つの自治体で特区民泊の認定がなされています。

特区民泊では旅館業法の場合に必要となる玄関帳場（フロント）が不要であったり、住宅宿泊事業法の場合に求められる住宅宿泊管理業への委託要件が不要などの特徴があります。

ただし、特区民泊制度が始まった2016年頃は、旅館業法より要件が緩やかとして話題だったものの、2018年に住宅宿泊事業法が施行されたことで、存在意義が薄れてしまった結果、2023年1月の時点で全国での認定数は3,000施設程度となっています。

なお、宿泊者の宿泊日数についても特区民泊では、２泊３日以上と日数制限が設けられています。

■ 旅館業法許可の要否

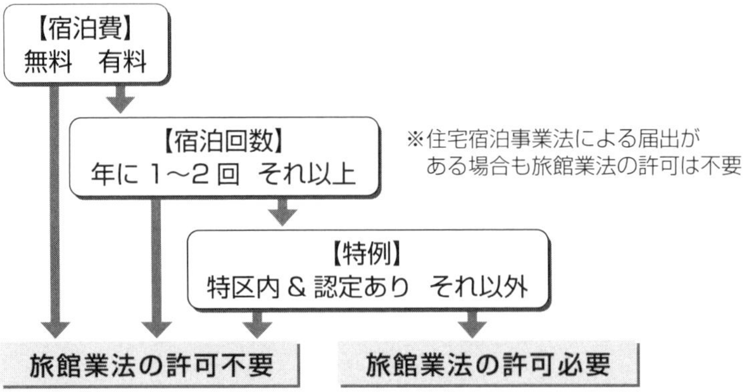

◉ 全国的に参入障壁を下げた「住宅宿泊事業法」

民泊では、簡易宿所営業の建物や設備面のハードルの高さを回避したいケースや、住宅地をはじめ、集合住宅の一室で営業を行いたいニーズがかなり高いため、旅館業法上の許可取得ができないことを悔やむケースは今でも多くあります。

特区民泊にしても、エリアが限定されているため、個人が住む地域が国家戦略特区に指定されていない、あるいは指定されていても、民泊条例が制定されていない場合は、合法的に民泊を行うことができません。

このことから、民泊に対して玄関帳場（フロント）要件や、建物、設備面の規制要件を緩和した住宅宿泊事業法の人気は根強くあります。

住宅宿泊事業法では、ホスト（住宅宿泊事業者）や、運営管理代行業者（住宅宿泊管理業者）、民泊仲介サイト（住宅宿泊仲介

■ 民泊営業の種類と特徴

	簡易宿所としての民泊	特区民泊 (各自治体ごとに詳細は異なる)	住宅宿泊事業法による民泊
法令	旅館業法	各自治体の条例	住宅宿泊事業法
契約形態	宿泊契約	賃貸借契約	宿泊契約
申告方法	許可	認定	届出(家主居住型) 登録(家主非居住型)
営業日数	制限なし	制限なし	180日以内
宿泊日数	制限なし	2泊3日以上 (区域により6泊7日以上)	制限なし
居室床面積	一人当たり 3.3m² 以上 (10名未満の場合)	25m² 以上	制限なし
住居専用地域での営業	不可	不可	可
玄関帳場(フロント)の設置	条例による	不要	不要

業者）が届出や登録を行うことで、旅館業法の許可を得ることなく、民泊を行うことが可能になります。また、従来禁止されていた住居専用地域における民泊の実施も可能になることから、民泊ビジネス参入のハードルが低くなっています。

さらに住宅宿泊事業法では、家主は宿泊させたくない客については受け入れを拒否することができます（旅館業法でも、2023年の旅館業法改正により、厚生労働大臣が指定するカスタマーハラスメントに該当する場合には、宿泊拒否ができるようになりました）。したがって、近隣トラブルなどの発生リスクを最小限度にとどめることができます。

住宅宿泊事業では、旅館業法上の許可を得て営業しているホテル・旅館や簡易宿所とは異なり、一定の規制として営業できる日数の上限が設けられており、180日とされています。制限日数を超えて営業を行う場合は、従来通り旅館業法上の許可が必要になります。

なお、住宅宿泊事業法は「住宅宿泊事業法の施行期日を定める政令」「住宅宿泊事業法施行令」「住宅宿泊事業法施行規則」「国土交通省関係住宅宿泊事業法施行規則」「厚生労働省関係住宅宿泊事業法施行規則」などにより、具体的な民泊ビジネス経営の詳細が固められています。

これは、政府による詳細な宿泊事業の運営形態の推奨でもあり、衛生面の規律という側面が強い旅館業法に対して、住宅宿泊事業が国内の多様化する宿泊ニーズへの対応を意識している表れでもあります。

また、住宅宿泊事業法は民泊ビジネスを行う者だけではなく、民泊管理代行業者や民泊仲介サイトなども監督の対象となっていることから、政府が宿泊施設だけでなく、管理代行者の状況や、宿泊施設と宿泊者間の仲介の状況を把握しようしているという特色もあります。

Q なぜ民泊では、建築基準法が問題となりやすいのでしょうか。

A 建築基準法は、建物の敷地、構造、設備、用途などについて守るべき必要最低限の基準を定めることによって、人間の生命や健康、財産を保護することを目的とした法律です。建築基準法は、日々改正されるため、それ以前にはそれらの規定に適合していた建築物が、新しい規制に適合しなくなる事態が起こり得ます。

しかし、過去にさかのぼって法律を適用するわけにはいきませんから、それ以前にそれらの規制に適合していた建築物については、改正後の法律等の規制に適合していなくても合法建築物とみなします。

このような建築物のことを、既存不適格建築物といいます。法律改正等によって規定が変更された時点（基準時）ですでに存在していた建築物と、その時点で建築（増築・改築を含む）中、修繕中、模様替え中だった建築物との両方が既存不適格建築物として認められます。

ただし、既存不適格建築物が合法建築物とみなされるのは、あくまで建築時の建築物用途のまま利用されている間に限られます。

民泊のうち旅館業法では、それまで建築物用途が「居宅」や「共同住宅」であった建築物を宿泊事業に用いることから、建築物用途が「居宅」や「共同住宅」から「ホテルまたは旅館」に変更（用途変更）されます。この時点で、合法建築物とみなされる既存不適格建築物から、違法建築物とみなされることになりますので、通常は用途変更の前に、現行の建築基準法の規制に沿った構造に改装工事をしなければなりません。

しかし、この改装工事は莫大な費用がかかるため、民泊施設では、改装工事をすることなく違法建築物のまま営業を開始することが問題となるわけです。なお、住宅宿泊事業法は、建築物の用途が「居宅」のまま宿泊事業が行える旅館業法の例外ともいえます。

Q 民泊をする際に重要と言われる消防法とはどんな法律ですか。

A 消防法は、「火災の予防・警戒・鎮圧」を軸として以下の図のような体系により建物などの規制を定める法律です。

火災は、出火元だけでなく周囲にある物や人にまで被害を及ぼす重大な災害です。民泊では多くの住宅が密集する場所に不特定多数の宿泊客が出入りする事業です。一方で自らの自宅で過ごす場合に比べ、宿泊客というのは防火に対する意識は消して高いとはいえません。

火災は、いつ発生するか予測したり、起こらないように予防することが困難な自然災害に比べ、事前の取り組みしだいで予防の効果が得られる災害であるとも言われていますので、建築物に対する措置や、宿泊客に対する対策などを講じることで、火災を予防できるといえます。消防法は、その目的を「火災を予防・警戒・鎮圧することによって社会公共の福祉の増進に資すること」としていますので、民泊においても消防法が非常に重要であると言われているわけです。

なお、旅館業法による民泊であっても、住宅宿泊事業法による民泊であっても、事前に消防法に定める基準を充たし、消防署の検査を受けて「消防法令適合通知書」の交付を受けなければ、手続きをすることができないようになっています。

■ 消防法の構成要素

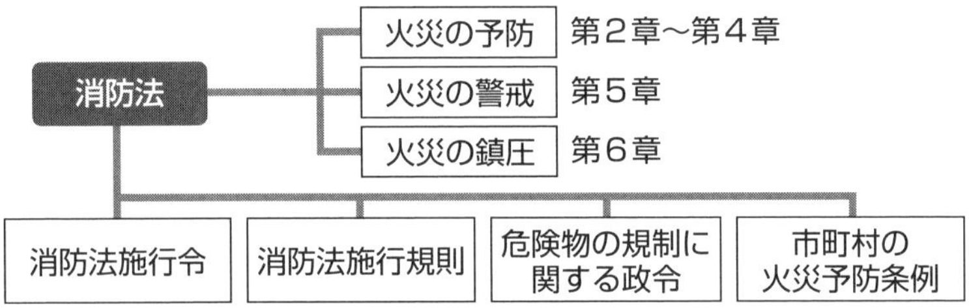

Q 火災に関して消防法以外にも、建築基準法の基準もあると聞きます。これらの法律の関係について教えてください。

A 消防法と建築基準法は確かに別の法律ですが、これらには密接な関係があります。まず、建築基準法は、建築物の「敷地」「構造」「設備」「用途」に関する最低基準を定めている法律です。

一方で消防法は、火災を予防することや警戒、鎮圧することで火災や地震からの被害を軽減させることを目的としている法律です。

建築基準法では、建物などの最低基準を示し、避難のための廊下幅や歩行距離、内装仕様などを定めていますが、それだけでは、火災に対する措置としては不十分とされています。そこで消防法により、設備の設置基準や点検方法、防火管理者の有無、誘導灯や消火栓、警報器など、より火災対策に関する規定を詳細に定めています。

言いかえれば、建築基準法は建物の最低基準を定め、消防法は、運用上必要な細かい基準を定めているということになります。

なお、事業主が行政や審査機関に対して建築基準法に基づく確認や検査を行おうとする時は、建築物に関する計画が、その建築物に合った防火に関する規定に適合しているかについて、管轄の消防署長などの同意を得なければなりません。これを消防同意といいます。

■ 建築基準法と消防法の役割分担

建築基準法

建物個々に関するもの

耐火・準耐火建築物、防火区画
内装制限、非常照明、排煙設備

建物と周辺の関係に関するもの

防火・準防火地域、用途地域

消 防 法

消防設備

消火栓・スプリンクラー等

防火管理

火気管理、設備等の維持管理
訓練等

3 旅館業法の改正について知っておこう

民泊ビジネスの拡大に影響を受けた改正

◉ どのような改正がされてきたのか

近年、住宅を活用する民泊ビジネスが急速に普及し、急増する訪日外国人観光客の多様なニーズやわが国の宿泊需給に対する供給の穴埋めが求められていました。一方で、民泊にも旅館・ホテルと同様の公衆衛生の確保や、地域住民等とのトラブル防止、無許可営業などに対する是正を図ることも急務となっていたため、2017年６月、住宅宿泊事業法が成立しました。この法律は、営業日数の上限が180日に制限されているものの、初めて住居のまま宿泊事業として活用することが合法化された画期的な法律です。

しかし、肝心の無許可営業を取り締まる旅館業法違反（無許可営業）の罰則が罰金３万円に過ぎなかったため、違法営業のリスクは低く、営業を開始しやすい住宅宿泊事業法を制定しても届出を促すことが難しいという片手落ちの状態のまま、2018年に住宅宿泊事業法が施行される可能性がありました。

旅館業法の無許可営業者に対しての罰則が、罰金３万円では事業をしようとする者にとって費用と時間をかけて許可取得をめざすよりも、無許可営業を選択する可能性も残されるわけです（ただし、懲役６か月以下の刑もあります）。そこで2018年６月15日、住宅宿泊事業法と同時に改正旅館業法も施行されることになりました。改正法では、罰則が３万円から100万円へと引き上げられ、旅館業法の取得か、住宅宿泊事業法の届出を促すことになります。

また、改正前の旅館業法では、行政の立入調査権限が、旅館業許可取得事業者のみを対象としていましたが、改正法によって無許可業者に対しても都道府県知事による報告徴収や立入検査が実施できるようになりました。当時の違法民泊数は全施設の80%以上が該当すると厚生労働省の民泊実態調査で導かれていましたので、非常に大きな改正だったといえます。

◉ 旅館業許可取得要件に関する改正

違法営業に対する改正以外にも旅館業許可取得要件に関連した重要な改正が多くあります。住宅宿泊事業法の施行と時を同じくして、これまで旅館業法で分類されていた「旅館」「ホテル」「簡易宿所」「下宿」のうち、旅館とホテルの区分が統合され、「ホテル10室以上、旅館５室以上」とされていた最低客室数も撤廃されました。

同時に、「洋室の寝具はベッド、和室の寝具は布団」「洋室の内装は壁造り、和室の内装は板戸・ふすま」「客室の最低面積が洋室は９㎡以上、和室は７㎡以上」といった要件がすべて撤廃され、簡易宿所の許可においても同様の扱いがなさました。

その他にも、採光面積の要件が建築基準法令に準じた規定となり（現状は条例等で別途、数値基準等）、便所の要件なども数値的基準から緩やかなものに変更されました。

さらに、非常に大きな改正として、これまでの民泊ビジネスにとって非常に負担であった玄関帳場の設置についてもITの活用などにより対面でのコミュニケーションに代替することが実現できるのであれば、適用除外が認められるようになりました（セキュリティ面や本人確認の機能が代替できるITを活用した技術の導入ができれば玄関帳場設置が不要になります）。これは国内の宿泊ニーズに応える形で設けられた住宅宿泊事業に対して、旅館業法上の要件を緩和（住宅宿泊事業に近づけた）と見ることができるでしょう。

4 どんな専門家に相談すればよいのか

許可申請書類作成を代行できるのは行政書士

◉ 民泊の手続きは専門家に依頼できる

旅館業の許可については、各自治体によって許可要件や提出書類が異なり、かつ、さまざまな法令をクリアしなければならないので、スムーズに許可を取得するためには、旅館業の許可に関する専門家に依頼するのがベストです。

また、住宅宿泊事業法に基づく住宅宿泊事業者、住宅宿泊管理業者、住宅宿泊仲介業者に関する届出や登録については、原則、電子申請により比較的簡易な手続きになるよう進められていますが、京都市など自治体によっては、旅館業許可に近い申請方法や書類の添付が求められるケースもあります。

インターネットで「民泊サポート」などのワードを入力して検索すると、不動産業者や工務店、行政書士、建築士、民泊管理代行業者など、旅館業許可申請や住宅宿泊事業届出の手続きをお手伝いすると謳っている多くの業者を見つけることができます。

これらの業者のうち、依頼者から報酬を得て、旅館業許可申請や住宅宿泊事業届出の書類作成・代理は行政書士のみが行うことができます。

また、住居から宿泊移設へと改修をする必要がある場合は、宿泊施設に関する建築基準法に精通した建築士に相談する必要があります。この際、該当物件が違法建築物の場合、相談を受けてもらえないか、大改修が必要になる場合があります。

それ以外にも、消防設備を設置する際は、消防設備士の資格を持った電気工事業者に依頼する必要があります。

◉ どんな専門家に依頼するとよいのか

2017年頃から民泊ビジネスが活気づくのに呼応して、民泊ビジネス支援に参入する専門家も増えました。しかし、民泊の支援経験をほぼ有しないのに、あたかも豊富な経験を有するかのように自らのウェブサイトで表示しているケースも散見されます。

以下、行政書士を例に旅館業手続きや住宅宿泊事業手続きを依頼するのに適した専門家の見分け方を、いくつか挙げておきます。

① 民泊以外の申請経験の有無を確認する

民泊以外（ホテル、旅館、簡易宿所など）の許可申請を経験しているどうかを確認します。経験があれば、民泊ビジネスの登場以前から旅館業など宿泊ビジネスの支援をしており、豊富な経験を有すると推測することができます。

もっとも、以前から旅館業などの支援をしている事務所の中には、新しい民泊ビジネスに疎いところもあります。住居を宿泊施設として営業する場合の特殊性について知見を有しているのかどうか、住宅宿泊事業と旅館業の違いを的確に把握しているかなど事前に確認するのが望ましいといえます。

② 許可取得や届出収受の見込みを確認する

予定物件の「所在地、間取り、築年数、床面積、建築面積」などを事務所に伝え、許可取得や届出収受の見込みを聞いてみましょう。

もちろん「必ず許可を取得できる」などの明快な回答は得られません。しかし、法令上の制限で不許可となる見込みがあるか否かは、比較的容易に回答することができます。「申請してみないわからない」とのみ回答する場合、依頼しない方がよいでしょう。

なお、届出の場合、「不許可」という概念はありませんが、記載事項に不備があったり、必要な書類が添付されていないなど、形式上の要件に適合しない場合は届出不可となることがあります。

③　申請経験からのアドバイスを求める

過去の申請経験から注意すべき要件・規制や、保健所・市区町村・消防署などの関係法令を所管する役所の特性など、申請経験がなければ回答が難しいことを聞いてみましょう。

特に住宅宿泊事業法においては、届出であることや、一見「住居のまま営業ができる」ことから、容易な参入ができるように思われますが、建築基準法や消防法上の規制は、思う以上に複雑なため、生兵法はケガのもととなりかねません。

④　許可取得後や届出後の事業継続に関するアドバイスを求める

専門家にとっては「許可取得や届出がゴール」ともいえますが、申請者にとっては「許可取得や届出がスタート」ですから、単に許可の取得や届出ができればよいわけではありません。申請前の段階から健全な事業継続（宿泊者の管理、地域住民との調整、トラブル対応など）について考えてくれる専門家がよいでしょう。

Point解説　多くの専門家が関わる落とし穴

旅館業や住宅宿泊事業には、複数の法律に基づく規制のクリアや手続きを要するため、必然的に行政書士や建築士、消防設備士、工務店など多くの専門家の関与が不可欠ですが、一方で事業者自身もある程度の営業開始までの流れやポイントを押さえておかなければ、思わぬ落とし穴に落ちてしまうことがあります。

たとえば、旅館業や住宅宿泊事業に必須とされる消防法令適合通知書の交付申請自体は、行政書士が行えますが、適合通知書交付に必要な消防検査の打ち合わせは消防設備士や工務店が進めてしまいます。すると、事業者や行政書士が知らないうちに検査がはじまり、適合通知書の交付申請をする暇がなくなることもあります（結果的に二度検査を受けることになります）。また、検査に必須とされる「避難経路図」について、工務店、建築士、消防設備士のいずれも準備をすることなく、検査当日を迎えてしまったという笑い話のような出来事も多々あったりします。

5 民泊仲介サイトについて知っておこう

海外のサイトから国内専用のサイトまでさまざま

◉ 民泊仲介サイトは民泊ブームの火付け役

国内で民泊ビジネスが拡大した背景に、2014年以降の外国人観光客の急増や、空き家の増加というものがあります。他方で世界的に民泊が流行したのは民泊仲介サイトの台頭によるところが大きいといえます。民泊仲介サイトとは、宿泊施設を提供したい人と、宿泊先を探している人が、相互の需要を満たす条件でつながることを目的としたサイトのことで、民泊ビジネスを運営する人にとっても、民泊を利用したい人にとっても、非常に便利なサイトとなっています。民泊仲介サイトにはいくつかの種類があり、登録方法やルールはサイトごとに異なっています。

民泊仲介サイトの中でも特に有名なのがAirbnbです。そこで、Airbnbを例にして、民泊仲介サイトがどのようなしくみになっているのかを確認していきましょう。

◉ Airbnbとは

Airbnb（エアビーアンドビー）とは、アメリカ（カリフォルニア州サンフランシスコ）に本社を置くベンチャー企業が運営しているサイトです。家主に代わって宿泊客を探してくれる、いうならば民泊サービスを安心・安全かつ具体的に実現するための手段となるサイトです。

Airbnbという名前の由来は、「Airbed and breakfast」からきています。「bed and breakfast」とは、一般的に、イギリス発祥の朝食付き簡易宿泊施設（B＆B）のことをいいます。

Airbnbの発祥は、アパートの空きスペース（居間）にエアーベッドを置いて、小さなB＆Bを作ったことがきっかけと言われています。インターネット上で宿泊したい人を募集し、それによって得た収益（宿泊料）で、その部屋自体の家賃の支払いをすることができた、という経験が、Airbnbを立ち上げる動機になったようです。

空きスペースを他人とシェアすることは、利益を上げる手段になると同時に、さまざまな人との交流を図る機会にもなります。普段通りの生活をしながら、世界中の人とつながることができるという点が、Airbnbの普及した理由のひとつだといえるでしょう。

もっとも、Airbnbが仲介する物件には、家主が居住していないタイプのものもあることから、ホームステイのように海外の人との交流が必ずしも目的となっているわけではありません。個室貸しやシェアルームで家主が居住する場合は、ホームステイと同様、異文化交流を楽しむこともエッセンスのひとつと考えられますが、家主非居住型ではあくまでも収益を上げることがメインテーマとなっていることから、Airbnbを利用した民泊はホームステイに比べ、ビジネス色が強いといえます。

■ Airbnbのしくみ

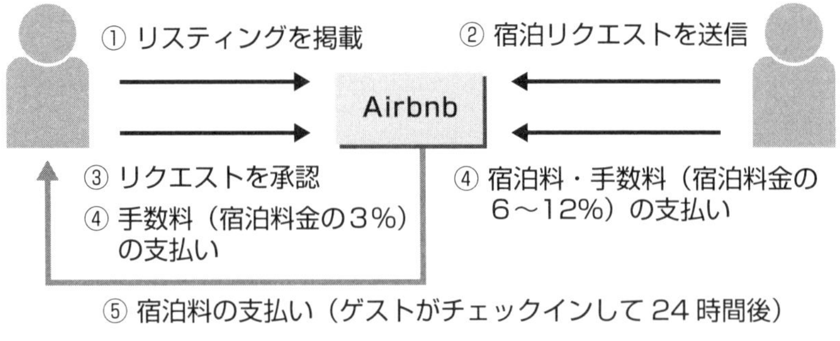

◉ Airbnbは日本国内でも利用拡大した

Airbnbは、民泊ブームの火付け役的な存在であるといっても過言ではありません。2008年にサービスが開始されてから、英語圏を中心に急速に利用者が拡大していき、またたく間に世界中の人に利用されるビッグビジネスへと成長を遂げました。2018年1月にはAirbnbを利用した通算宿泊者総数は約2億人を達成しています。

Airbnbには、世界191か国、6万5000か所の街の住宅が掲載されています。掲載されている総数は200万件以上にのぼります。この中には、もちろん日本の住宅も含まれています。

日本国内においてAirbnbに掲載されている住宅の件数は、新型コロナウイルス感染拡大の影響で一時期減少したものの2023年時点で5万件を超えています。都道府県別の割合は東京都が約4割あり、大阪府と京都府で約1割ずつほど、残りを北海道や福岡県、沖縄県など、多くの都道府県に点在していますが、地方の住宅の掲載数も年々増加傾向にあります。

また、Airbnbによる2022年のデータによれば、日本国内に物件が掲載されてる中で、ホテルや旅館が存在しないエリアでも多くの民泊宿泊利用が増加し続けていることを発表しており、国内でホテルや旅館などが存在しない地域のニーズが非常に高まっていることが見てとれます。

◉ 利用するにはどうすればよいのか

Airbnbを利用すれば、誰でも手軽に民泊ビジネスを始めることができます。そこで、サイトの利用方法について、簡単に確認していくことにしましょう。

まず基本的な用語として、Airbnbでは、住宅を提供する側を「ホスト」、宿泊する側を「ゲスト」、サイトに掲載されている宿泊施設を「リスティング」といいます。

民泊ビジネスを始めたいと考えたら、まずは民泊に使用する住宅をAirbnbに掲載する必要があります。掲載する際には、特に費用はかかりません。このとき、宿泊に関するさまざまな条件も一緒に設定しておきます。ゲスト側がこれらの情報を確認し、当該リスティングに泊まりたいと思ったら、ホスト側に宿泊のリクエストをします。リクエストを受けたら、今度はホスト側がゲストの情報を確認して、リクエストを受け入れるかどうかを判断します。ホスト側がリクエストを受け入れると、宿泊予約が成立したことになりますので、後は提示した条件に合わせて、当日のやり取りが行われることになります。

なお、宿泊料の決済は、すべてAirbnbを通して行われます。ゲストは予約が成立した時点で宿泊料をAirbnbに支払い、Airbnbはゲストがチェックインした後にホストへ宿泊料を渡すというシステムになっています。

また、ゲストとホストは、宿泊料の金額を基準として計算した金額を、Airbnbに手数料として支払う必要があります。具体的

■ Airbnb利用の流れ

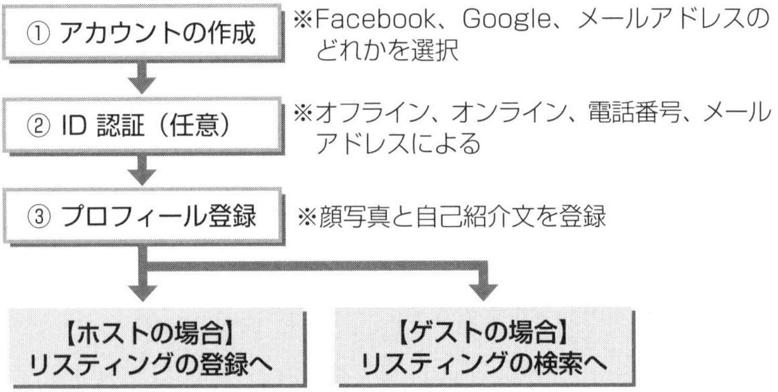

には、ゲストは宿泊料金の14.2%、ホストは宿泊料金の３%を手数料としてAirbnbに支払います。なお、宿泊予約管理アプリケーションシステムと連携する場合は、ホスト手数料15%のみとなります。リスティングしている宿泊施設ごとにゲスト側には宿泊料金の内訳が確認できるようになっていますので、手数料の有無が選ばれやすさの目安になります。ゲスト側の手数料を無料にして差別化をはかる場合は、宿泊予約管理アプリケーションシステムとの連携も視野にいれましょう。

◉ Airbnb利用にはメリットがあるのか

Airbnbを利用する最大のメリットは、高い信用性が確保できるという点にあります。国や文化の違う、見ず知らずの人同士がやり取りをすることになるため、ホスト側・ゲスト側の双方がともに信頼のおける人物であることが、民泊取引の必須条件となります。

この点、Airbnbは、ホスト・ゲストの双方が、登録時に自分

■ リスティングページの主な記載事項

住宅の種類	アパート	共同住宅の場合（マンションも含む）
	一軒家	一軒家の場合
	B&B	ゲストハウスなどの場合
部屋のタイプ	まるまる貸切	部屋や建物の全体を貸し出す
	個室	部屋や建物のうちの一室を貸し出す
	シェアルーム	部屋を自分や他人とシェアする
収容人数	部屋に何人まで収容できるかを記載	
所在地	具体的な住所は予約成立時まで非公開	
基本情報	寝室数、ベッド数、バスルーム数など	
タイトル・紹介文	アピールポイントを記載（文字数制限あり）	
ロケーション	地図上で大まかな場所を表示する	

のプロフィールを公表するシステムになっています。名前、顔写真、使用できる言語、電話番号やメールアドレス、趣味や職業など、さまざまな情報を積極的に公表することで、自分が信用のおける人物であることを他のユーザーに証明するわけです。

また、ID認証制度を利用すれば、さらに信用度を高くすることが可能です。これは、Airbnbにパスポートや運転免許証などの画像データを提出したり、facebookなど個人を特定できるSNS（利用実績があるものに限る）と連携させることによって、自分が信用のおける人物であることを、Airbnbに認証してもらう制度です。ID認証を受けると、プロフィールにID認証済みのマークがつくため、相手に取引に応じてもらいやすくなるのです。

さらに、Airbnbには、レビューを投稿できるという制度もあります。ゲストがチェックアウトしてから48時間以内であれば、取引内容がどうであったか、感想を書き込むことが可能です。これは、ゲスト側だけでなくホスト側も、取引相手の対応がどうであったか、評価できるしくみになっています。

レビューに高評価が集まるほど、次回以降、取引相手に信用してもらえるようになり、ホスト側は宿泊リクエストが増え、ゲスト側は宿泊リクエストを受け入れてもらいやすくなるわけです。

ゲストとホストが、ともに相手から高評価を得ようと努力するようになるという効果が期待できますので、サイト全体の民泊の質が向上することにもつながっています。

◉ 保証制度も充実している

事前に「相手が信用できる人物か」と入念にチェックしたとしても、トラブルが発生する可能性をゼロにはできません。まれに、盗難など、ゲストの故意による犯罪行為が発生する場合もあります。また、「ゲストの不注意で部屋の設備が壊れてしまった」「部屋の鍵などホストから借りていたものを返却し忘れてしまった」など、さまざまな問題が生じることもあります。このような場合に備えて、Airbnbには一定の保証制度が設けられています。

具体的には、宿泊予約が成立した時点でゲスト側に一定の金額（保証金）が設定されますので、ゲストは保証金をAirbnbに預けておくことができます。ゲストの宿泊によってホストに何らかの損害が生じた場合には、その保証金を賠償金に充てることができるという制度です。たとえば、ゲストがコップを割ってしまった、などというような軽微な損害が生じた場合には、Airbnbを通して迅速に損害発生に対応してもらうことができるのです。ホストはゲストに直接賠償請求をする必要がありませんので、お互いに不要なトラブルを避け、安心してリスティングを提供・使用することができます。

◉ ホスト保証とホスト補償保険

この他、「ホスト保証」や「ホスト補償保険」という制度もあります。「ホスト保証」とは、Airbnbを通して成立した全予約に対して無料でつくサービスで、ゲストが保証金を設定していない、あるいは保証金を超える損害が発生した場合に利用できる制度です。ゲストが滞在中にホストの所有物やリスティングの設備を破損し、大きな損害が発生した場合に、その被害を補償するサービスで、最高で１億円まで対応してもらえます。

たとえば、「ゲストが賠償金の支払いを拒絶した」「ゲストと連絡がつかなくなってしまった」「ゲストに支払うだけの資力がなかった」といったトラブルが生じた場合に、Airbnbにその肩代わりをしてもらえます。

ただし、この制度が適用されるためには、さまざまな条件があります。たとえば、金銭や宝石類などの貴重品や、ペットや対人の被害、老朽化・摩損が原因の損傷については、ホスト保証の適用外となっていますので、注意が必要です。また、損害が発生した場合には、そのことを証明する必要がありますので、現場の証拠写真や修理の見積書、修理費の領収証などをAirbnbに提出する必要があります。なお、保証される宿泊施設は適用法令をすべて遵守している必要がありますので、無許可の宿泊施設は、保証の対象にはなりません。

ホスト保証の申請を行う場合は、ゲストのチェックアウトから14日以内、あるいは次のゲストがチェックインする日のいずれか早い日付までに、支払申請フォームから申請を行う必要があります。＄300USDを超える損害については警察への被害届を提出する必要があります。

一方、「ホスト補償保険」とは、ホストが第三者に損害賠償を請求された場合に、その第三者に生じた被害をAirbnbが補償する制度です。たとえば、ゲストがバスルームを破損したことで水漏れが生じ、マンションの下の階に住む第三者の所有物を壊してしまった、などという場合に、最高100万ドル（USD）まで補償を受けることができます。

ホスト補償保険は、対人・対物事故の双方に対応しています。

しかし、ホストによる意図的な脅迫・暴行行為、逸失利益、伝染病、テロ活動、製造物責任、公害などは対象外です。

6 民泊事業を開業する際の注意点について知っておこう

リスクとリターンを冷静に考える

◉ 本業との両立は可能か

Airbnbなどの仲介サイトを利用して民泊ビジネスを副業として行いたいと考えた場合、「本業等と両立することができるのか」という点が大きな関心事となります。

結論としては、民泊を副業として行うことも可能です。予約を受け付けるかどうかは、ホスト側が自由に決めることができるため、ある程度コントロールをすることができるからです。

具体的には、本業が休みのときや、時間に余裕があるときだけ、部屋の予約を受け付ける、という方法を採ることもできます。ただし、民泊では宿泊者が周辺住民に与える影響が多大なものとなり、ゲスト対応（台帳の記入や、鍵の受け渡し時の注意喚起、本人確認）をはじめ近隣からのクレームやトラブル対応など実質的には24時間体制で臨む覚悟が必要になります。自らのビジネスのために生じるその施設周辺に長く住み続ける住民の権利侵害についても、しっかり認識しましょう。なお、最近は、民泊専門の運営代行業者も増えています。手数料はかかりますが、アウトソーシングをうまく取り入れて運営していくのもよい方法です。

特に旅館業法上の簡易宿所ではなく、住宅宿泊事業の届出によりビジネスを開始する場合にアウトソーシングは重要です。住宅宿泊事業法は、これまで旅館業の許可取得が難しかった物件に対する規制緩和とされていますが、ホストが常駐しない「家主非居住型」と呼ばれるタイプでは、「住宅宿泊管理業者（国に登録した民泊専門の運営代行業者）」への管理委託が必須とされています。現在の国内の民泊物件の７割以上が「家主非居住型」と言われており、副業として民泊をする場合は、当然に「家主非居住型」となることに注意が必要です。

また、民泊を運営する上で、予約管理なども重要な要素です。従来、民泊以外のホテルや旅館において、予約サイトごとに客室を分散して登録を行っていたため、ブッキングのリスクなどが問題視されていました。そこで宿泊予約管理アプリケーションシステムなどの活用が広がっています。宿泊予約管理アプリケーションは、民泊仲介サイトと連携して、１つの画面で予約や空室状況の管理を行い、顧客管理などを効率的に管理できる他、料金の自動調整なども可能です。多くの宿泊予約管理アプリケーションは主だった複数の民泊仲介サイトと連携していますので、民泊事業者が、一元的な顧客管理を実現することができます。

◉ 初期費用はどの程度かかるのか

民泊ビジネスの初期費用は、現在の物件の状況や、自分の思い描くリスティングのコンセプトなどによって、大きく異なります。たとえば、すでに物件を所有しており、使っていない家具などを利用して民泊を始める場合には、初期費用を抑えて営業を始めることもできます。一方、これまで住居だった建物を宿泊施設に用

■ 宿泊予約管理システムを利用するメリット

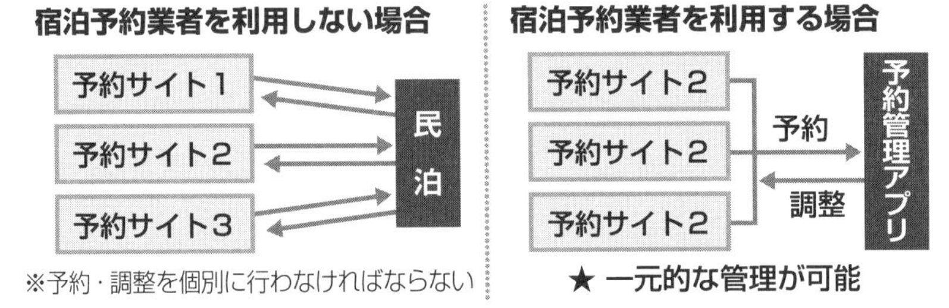

途変更する事情から、構造上、大改修しなければならない場合や、大規模な消防設備が必要な場合があることに注意が必要です。
また、前述した民泊専門の運営代行業者に支払う登録費用やランニングコスト、その他、忘れがちですが、火災保険や地震保険などのリスクヘッジも必須となります。宿泊費や稼働率から計算して、本当に採算が取れるかをしっかり検討しなければなりません。

◉ 法人はホストになれるのか

Airbnbなどの仲介サイトは、もともとは個人同士のやり取りを前提としていましたが、ユニークな施設や、デザインに優れた施設など一定の基準を満たす宿泊施設などについては、会社でも施設を掲載することができます。それ以外の場合は、会社が所有する物件をリスティングとして貸し出したい場合には、その会社内で定めた担当者個人がホスト登録をすることになります。
ただし、登録したリスティングの件数があまりにも多すぎると、Arbnbなどから「業者である」と判断され、当該アカウントを強制的に削除されることがあります。

◉ 地方でも民泊は可能か

地方には、バブル期に建てられ、現在はあまり使用されていないマンションが多数存在しています。また、人口の減少・流出で、空き家も年々増加しています。こうした物件をうまく活用すれば、低コストで民泊を運営することができるでしょう。地方では、自然体験や農村・漁村体験など、都市部では味わうことのできない貴重な体験をすることができます。地方ならではの魅力を積極的に発信していけば、民泊運営をしていくことは十分可能です。
ただし、ゲストには、アクセスが不便であるというデメリットについて、よく理解しておいてもらう必要があります。レンタカーやタクシーなどの移動手段の手配方法などの検討が重要です。
なお、空き家を民泊施設にすることは、地方であれば周辺住民への影響も少なく、空き家対策とすることもできるでしょう。

◉ 平均何泊くらいする観光客が多いのか

観光やレジャーを目的として訪日する外国人は、１回の旅行でどのぐらいの期間滞在するのでしょうか。一般的には、アジア圏からの観光客の滞在期間は短く、欧米諸国からの観光客の滞在期間は長いという傾向があるようです。すべての外国人観光客の滞在期間を平均すると、１回につき５～６日程度宿泊するケースが多くなっているようです。ただし、長期間日本に滞在する場合であっても、ずっと同じ宿泊先を利用するとは限りません。東京、大阪、京都、福岡など、日本各地を巡る計画を立てて訪日する人も少なくありません。こうした点も踏まえて、宿泊日数の予測を立てるようにしましょう。

◉ ホスト同士の交流の場もある

Airbnbなどの仲介サイトは、一般の個人が部屋を貸し出すサービスです。知識や経験の浅い一般人がホストになるため、民泊を運営していると、さまざまな問題に直面し、悩んだり疑問を持つこともよくあります。こうした悩みや疑問を解消するために、Airbnbではホスト同士の交流をサポートするサービスを用意しています。たとえば、あるホストが経験したことを掲示板に書き込んで皆で共有しあったり、特定のホストに非公開で質問をすることもできます。
また、ミートアップという、ホスト仲間と直接会うことのできるオフ会も開催されています。こうした交流会を利用しながら、よりよいホストをめざしていくとよいでしょう。

7 民泊運営管理代行業について知っておこう

委託内容によって多種多様なサービスが存在する

◉ 民泊運営管理代行業とは

民泊ビジネスの急増に比例して、増加したこれまでになかったビジネスが**民泊運営管理代行業**です。民泊運営管理代行業は民泊ビジネスをする事業者の手が回らない作業や、苦手な作業などを代わりに行う事業で、ゲストのチェックアウト後の清掃代行をはじめ、消耗品の補充、リネン類の交換にとどまらず、問い合わせ対応、チェックイン（鍵の受け渡し）、代金収受、設備使用説明など運営管理の肝にあたる作業を代行する場合もあります。

さらに、レビュー（評価）管理や、ハウスルール・マニュアル類の整備、デザインコンセプトの設計、民泊ビジネスに最適な物件の選定、収益シミュレーションの作成、予約管理、トラブル対応など、重要なバックオフィスの部分まで代行するケースもあります。

民泊ビジネスの事業者自身がすべての作業をする場合に比べれば、もちろんコストは増大しますが、なにもノウハウや経験を有していなくてもすぐに事業を開始できるというメリットがあるため、個人、法人を問わず民泊運営管理代行業者を利用するケースが増えています。

なお、民泊運営管理代行業者自体は許可の不要な事業（ただし、ゴミの回収を行う場合は、廃棄物収集運搬業許可取得業者等である必要があります）でしたが、2018年の住宅宿泊事業法の施行により、住宅宿泊管理業者という業種が定められたため、住宅宿泊事業（家主非居住型）の運営管理を委託する場合は、国土交通大臣に住宅宿泊管理業の登録を行っている業者である必要があります。

◉ 民泊運営管理代行業務の委託費の相場

委託する内容や委託先の会社によるので、一律の民泊運営管理代行業務の委託費というものはありませんが、ある程度の相場はあります。

最も多いのは、基本的な運営管理代行全般を委託した場合に、ゲストから事業者に支払われる宿泊料の一部を対価とするものです。この場合、純粋な清掃費や消耗品などの実費は別途請求されます。この際の対価の相場は、15～30%とされており、都道府県ごとに異なるようです。当然、委託する業務の種類が多ければ多いほど掛け率も高くなります。

また、掛け率は低く設定し、委託業務の種類を追加するごとに単価を追加していくというオプション形式の場合もあります。

いずれにしても清掃やリネン類の交換など基本的な業務を委託した場合で、1部屋あたり5,000円程度というのが相場のようです。

委託業務の内容と委託費の詳細を認識した上で、運営管理代行業者をしっかり比較する必要があります。

ただし、民泊を始める事業者の多くは、ゲストとの交流自体を楽しみたいというケースも多いため、そういう人にとっては、運営管理代行業者の委託費システムの多くは高額に感じるかもしれません。

◉ 民泊運営管理代行業者の選び方

それでも、民泊ビジネスを収益事業や投資として考える事業者にとっては、民泊運営管理代行業者の存在は意義あるものといえます。

そこで、一般的に民泊運営代行業者を比較する際に、重視されるポイントをいくつか挙げてみたいと思います。

ポイント1　実績と信用はあるか

民泊ビジネスの急増に比例して、民泊運営管理代行事業者も急増しています。一方で、民泊は、民泊運営管理代行事業者の経験やノウハウが事業者の収益に与える影響が多いビジネスです。多くの民泊の場合、ゲストの集客を民泊仲介サイトに委ねているため、実際に宿泊したゲストのレビュー（評価）が、そのまま売上に反映されるからです。

運営管理代行事業者の経験やノウハウは、委託しようとする事業者の代行物件数とその期間、さらに代行している物件の稼働率で推測することが可能です。また、実際に代行している物件を教えてくれる事業者は他の物件のホストとも信頼関係があり、自身の事業にも自信を持っている可能性が高いといえます。

さらに、運営管理代行事業者自身の事業形態（法人か個人事業か）や資本金、固定電話やWebサイトの有無、求人している場合は、その給与金額などを見ることで信用できる事業者かどうかをある程度、判断することができます。

なお、実際に代行している物件がわかるのであれば、その物件に泊まってみたり、物件の近隣住民との関係を調べることで、より安心できるかを知ることもできます。

■ 主な民泊運営管理代行業務の種類

事業開始前に関するもの	物件の選定･近隣状況の調査、収益シミュレーション、デザインコンセプトの設計、写真撮影、民泊仲介サイトへの掲載、ハウスルール・マニュアル・チラシ等作成
事業開始後に関するもの	予約管理、稼働率と価格帯の調整、問い合わせ対応
ゲスト宿泊後に関するもの	チェックイン（鍵の受け渡し）･事前説明、金銭収受、トラブル対応
ゲスト宿泊時に関するもの	清掃代行、消耗品の補充、リネン類の交換、レビュー（評価）管理、実稼働・収支報告

ポイント2　言語対応

民泊を利用するゲストの多くは外国人です。したがって、ゲストに対する多言語対応が必要不可欠となります。訪日外国人の割合から考えると英語はもちろん、中国語や韓国語は必須ですし、事業者の趣向に合わせて、タイ、スペイン、フランス、ドイツ、イタリアなど追加の言語対応を確認する必要があります。

Webサイトが中国語や韓国語に対応しているからといって、必ずしも電話やメール、ハウスルール・マニュアルなどにも対応しているとは限らないので、注意が必要です。

また、言語対応追加ごとに発生しうる追加料金についてもあらかじめしっかり確認しておく必要があります。

ポイント3　ゲスト対応やトラブル対応力

多くの民泊では、キーボックス（特定の暗証番号により部屋の鍵が取り出せる錠前が物件に設置されている）や、番号錠（ドア自体に設置された番号に暗証番号を入力し、施錠・開錠するもの）、スマートキー（スマートフォンアプリなどと連動し施錠・開錠するもの）などを設置していますが、それでも初めてゲストがチェックインする際は、施設で対応し、本人確認や必要な事項の記載等を求める必要があります。

このようなチェックイン対応や道に迷ったゲストの対応などをしっかりしない運営管理代行事業者は問題外です。

また、民泊ではゲストや近隣住民とのトラブルがつきものです。そのためトラブルが起きないための事前対策はどのようなものがあるか、万が一、トラブルが起きた場合の対応はどこまでしてくれるか等、しっかり確認する必要があります。

特に住宅宿泊事業法では、周辺住民への対応や迷惑行為防止義務、ゲストへの説明義務などがありますので、非常に重要です。

8 民泊事業の収益化には何が必要なのか

コストと稼働率向上策のバランスが大切になる

◉ 民泊ビジネスのコストについて

民泊ビジネスを始めたとしても、ただ空いている部屋を貸すというだけでは、利益を上げることはできません。しっかりとした利益を上げたいと考えるのであれば、コスト（経費）をいくらぐらいに抑え、売上目標をどの程度に設定するか、というように、適切な試算をしながら、運営をしていく必要があるでしょう。

まず、コストは、なるべく抑えるように工夫することが大切です。主な経費としては、家電や家具などの設備費、部屋の清掃費、リネンのクリーニング費、人件費などがあります。インテリアなどに凝れば、多くのゲストから興味を持ってもらえる可能性もあります。しかし、そこに多くの費用をかけすぎてしまうと、その分だけ回収しなければならなくなる初期費用が増えてしまうことになります。「他の宿泊施設と比べて魅力が劣っているのではないか」という不安から、内装に必要以上にこだわってしまう事業者も少なくないようですが、あくまでもバランスの取れた内装を心がけるようにしましょう。

たとえば、京都などでは、日本人からみれば価値を感じない古い建具などをうまく取り入れることで、低コストでゲストに高評価な施設を提供し、高い稼働率を実現しています。必ずしも費用をかければ魅力が増すわけではないことに注意しましょう。

ただし、人命に関わる消防設備や許可取得の際に必須となる衛生設備などは適切に投資する必要はあります。特に「風呂」や「トイレ」については、外国人が日本に期待するサービスの上位にも挙げられますので、しっかりしたものを設置しましょう。

なお、簡単に経費を削減する方法として、ホスト自らができることは自分で行うようにする、という方法があります。掃除や設備の点検・修理などにとどまらず、他の宿泊施設との差別化を図る目的で、食事の準備や送迎サービスに至るまで、ホスト自身が行っているというケースもあります。しかし、ホスト自らが何から何までやろうとすると、数字に載らない形で時間と労力が費やされることになります。経営者は、計算上の利益だけにとらわれることなく、実質的に生じている利益の感覚を身につけていく必要があるといえるでしょう。

◉ 宿泊費について

宿泊費の金額は、予約数や売上高に直接的に影響を与える、非常に重要な項目です。したがって、安易に決定するのではなく、入念なリサーチと計算によって設定するように心がけましょう。

非常に単純な計算式で考えてみると、売上は「宿泊料×宿泊日数」で決まります。一般的には、宿泊料金が高いほど稼働率が低くなり、宿泊料金が低いほど稼働率は高くなるという傾向にあります。このバランスをうまく見極めることができれば、民泊ビジネスを成功に導くことができるでしょう。

ただし、稼働率を上げたいと焦るあまりに、極端に安すぎる宿泊料を設定することは非常に危険な行為です。なぜなら、安さを重視して集まってくる人々は、目先の利益のみに飛びつく傾向があるからです。後々、やっかいなトラブルを引き起こす危険性が高いため、十分注意が必要です。以下では、Airbnbを利用した場合の宿泊料の設定について考えてみましょう。

Airbnbを利用する場合、宿泊料金には、1泊あたりの基本料金とAirbnbへの手数料に加えて、清掃料金や長期滞在者向けの割引料金、週末料金などの追加料金を含めることができます。清掃料金の相場としては5000円程度が一般的とされており、シェアルームの場合は清掃料金を設定しないケースもあります。追加料金についても設定するか否かはホストの任意に委ねられています。

Airbnbでは、宿泊料金をいくらに設定すればよいのかわからないホストのために「スマートプライシング」という宿泊料金を自動的に設定するシステムが導入されています。スマートプライシングを利用すれば、ホストは設定したい宿泊金額の最低額と最高額、受け入れたい宿泊客の数を設定するだけで、物件周辺エリアのニーズや物件の特徴などのデータをもとに宿泊料金が自動的に決定されます。

◉ 料金体系について

その他、ホストは料金体系についても設定する必要があります。料金体系は、大きく分けると、①一部屋一泊いくらというルームチャージ制、②一名一泊いくらというパーソンチャージ制、があります。また、①か②のどちらかを基本料金として、部屋や人などの増減を追加料金で調整するという方法もあります。ホスト側の立場から考えてみると、①の場合、団体客でなければ利用しづらいという印象を持たれてしまうため、1～2名の旅行客には利用されづらくなってしまう可能性があります。

また、②の場合、団体客にとっては魅力を感じられないため、団体客が寄り付かなくなってしまう可能性があります。さまざまなゲストに訪れてもらいたいと考える場合には、わかりやすく、かつ、ある程度柔軟性のきく料金体系を設定しておくとよいでしょう。逆に、どのような客層に来てもらいたいのか、ホスト側に明確な方向性がある場合には、その志向に合わせた料金体系を設定するとよいでしょう。

なお、子ども料金の設定については特に決まりはありませんが、Airbnbなどの仲介サイトを利用する多くのホストは、「12歳以下は大人の半額」という子ども料金を設定しているようです。

◉ 宿泊費の支払について

宿泊費の支払いや宿泊費の受け取り方法、時期については仲介サイトにより若干の差があります。

宿泊料金の受け取り方法としては、銀行振込、PayPal（ペイパル）、Payoneer（ペイオニア）の３種類の場合が多く、ホストが任意に選ぶことができます。ペイパルとは、インターネット上で利用できる決済サービスのことで、他の受け取り方法よりも入金が早い（送金後１～３時間程度）反面、引き出し時に手数料がかかります。

他方、ペイオニアとは、アメリカの法人口座をレンタルするサービスで、口座開設により発行されたデビットカード機能付きのカードを使って、郵便局やセブンイレブンのATMから現金を

■ 仲介サイト別宿泊料の支払・受取り方法

	Airbnb	STAY JAPAN
宿泊料の支払時期	予約確定時	
支払方法	① クレジットカード ② クレジット決済可能なデビットカード ③ PayPal など	① クレジットカード ② VISA、MASTER、AMEX のデビットカード
宿泊料を受け取ることができる時期	ゲストがチェックインしてから 24 時間後	月末締めの翌月末払い
宿泊料の受取り方法	① 銀行振込 ② PayPal（ペイパル） ③ Payoneer（ペイオニア）	銀行振込のみ

引き出すことができるので便利です。ただし、カード発行までに数週間程度の時間を要すること、現金を引き出す際に手数料がかかる点などに注意が必要です。

◉ 手数料

仲介サイトを利用した場合には、手数料の支払いが必要です。手数料については、仲介サイトごとに異なるため、民泊ビジネスを始める場合には手数料の額など細かい条件について、注意する必要があります。特に、仲介サイトの中には、民泊の運営者（ホスト）からだけではなく、利用客（ゲスト）からも手数料を徴収しているところもあります。

手数料に支払方法について、多くの仲介サイトで採用されているシステムを見ていきましょう。まず多くの宿泊サイトでは、物件をサイトに掲載すること自体に手数料を徴収しているサイトは多くありません。宿泊客（ゲスト）との間で宿泊契約が締結された時点で、手数料が発生するしくみを採用している仲介サイトが多く、仲介サイトが宿泊客（ゲスト）から宿泊料の支払いを受け取り、そこから手数料の金額を差し引いた額を、民泊の運営者（ホスト）に振り込むという制度を採用している場合が多いといえます。

■ 仲介サイトに支払う手数料の目安 ……………………………

仲介サイト	手数料
Airbnb	１カ月の総宿泊収入に対して３%の額
Homeaway	「年間 349 米ドル」または「宿泊収入の８%」
Booking.com	宿泊収入の９%～12%
stay japan	宿泊収入の 10%
agoda	宿泊収入の９%～12%
room stay	宿泊収入の 30%
自在客	宿泊収入の 10%

9 民泊ビジネスのターゲティングとは

収益予測だけでなくリスク管理の側面もある

◉ 宿泊するなら誰でもよいというわけではない

民泊ビジネスにおいても、どのような層のゲストに来てもらいたいのか、あらかじめターゲットを絞る作業が非常に大切になります。ゲストの人数や、宿泊目的、求めている交流の程度、性別、年齢層など、なるべく具体的にシミュレーションをするように心がけましょう。日本政府観光局（JNTO）によれば、2023年の訪日外国人旅行者数の年間累計がコロナ禍前に戻りました。特に従来の韓国、中国、台湾に加えて、タイ、香港、インドネシアやフィリピン、米国、カナダ等で訪日外客数が増加したことが回復率の押し上げ要因となっています。

宿泊施設に関して、アジア系の人たちは「個室貸し」や「貸切」を好み、それとは対照的に欧米系の人たちは「シェアルーム」を好む傾向にあります。そのため民泊ビジネスを行う際には、ターゲットを絞り込んで、その対象となるゲストに見合った宿泊施設を整備する必要があります。

集客率を重視したいため、特にターゲットを定めずに営業を開始しようと思う人もいるかもしれません。しかし、どんな人にも対応できるような環境を整えようとすると、不必要にムダなコストをかけてしまう原因となりますので注意してください。大規模なホテルであればともかく、個人が民泊で行うことのできるサービスの程度には、もともと限度があります。そのため、万人に満足してもらえるような設備やサービスを提供することは、初めから不可能なことである、と割り切ることが肝心です。

また、リスク管理の側面からも、民泊ビジネスにある程度慣れるまでは、できるだけターゲットを絞っておいた方が無難です。ターゲットが絞ってあれば、発生しそうなトラブルをあらかじめ予測しやすくなり、トラブル対策に力を入れやすくなるからです。

◉ ターゲティングの流れ

ターゲットを決める際には、語学力の有無や程度については、それほど気にする必要はありません。最近は翻訳機器の性能が飛躍的に上がっていますので、パソコンやスマホを利用すれば、必要なコミュニケーションは十分成立させることができます。

対象とするターゲットが定まったら、その特徴に合わせて、どんな部屋にするか、具体的な検討を進めていきましょう。まず、利用する際に、寝泊まりすることだけを目的にしてもらうのか、部屋で過ごす時間も重視してもらうのか、という点で、部屋のコンセプトは大きく変わることになります。寝泊まりすることだけを目的にする場合には、なるべくシンプルで、使い勝手のよさを重視した部屋にするとよいでしょう。備え付ける設備について、どんな家電や家具をそろえるべきかについても、ターゲットとしている客層や部屋のコンセプトによって変化します。ただし、ベットなどの寝具やテーブル、照明器具、スーツケースを広げられる空間などは、最低限確保しておく必要があります。この場合、他の場所へのアクセスのしやすさが大きなポイントになりますので、できるだけ空港や駅、繁華街、観光スポットへ移動しやすい立地の部屋を用意するようにしましょう。特に、空港から直行のバスが出ているエリアはおすすめです。海外からの観光客は大きな荷物を抱えていることが多いため、なるべく移動が負担にならない方が好まれるからです。

また、主要なターゲットとして狙っている顧客層が、欧米系のゲストなのか、アジア系のゲストなのかという違いによってポイントも異なります。一般的に、欧米系の人の体型はアジア系の人の体型よりも大きいため、日本人の標準的なサイズの設備を用意してしまうと、小さすぎたり、狭すぎたりするという問題が生じてしまうのです。

他にも、中国人旅行者などは、家族連れであることが多いため、簡単な調理器具（電気ポッドやIHコンロなど）を用意しておくと喜ばれます。化粧品や医薬品の大量買い（爆買い）も多いため、欧米系のゲストよりも頻繁なゴミ回収を心がけることも重要です。

一方で、欧米系のゲストはアジア系のゲストと比較して、工芸品や文化交流（他の人種との触れ合い）を好むため、後述する体験型民泊のニーズが高いといえます。

また、清潔なシーツ類やタオル（フェイスタオルとバスタオル）、シャンプーやボディソープ、トイレットペーパーなどのアメニティも準備する必要があります。その他、部屋でも簡単な食事ができるよう、お皿やカップ、スプーンやフォークなどは人数分そろえておく方がよいでしょう。

なお、インターネットを自由に利用できる環境が整っていると、外国からの観光客には大変喜ばれますので、Wi-Fi設備、中でも持ち運びが可能なポケットWi-Fiを用意しておくとよいでしょう。

■ 人種に合わせた民泊運営例

ターゲット		特徴と運営例
人種	欧米系	アメリカ人など ・体格が大きいため、大きめの部屋や設備（ベッドやバスルームなど）を用意する ・シェアルームに対応できるようにしておく
	アジア系	中国人、韓国人、台湾人など ・個室を用意する　・貸切にも対応できるようにしておく ・家族連れに喜ばれる設備（簡単な調理器具など）を準備する

10 民泊を成功させる方法を考えよう

競合が増えつつある民泊は差別化が重要

◉ 貸し出す物件さえあればよいわけではない

民泊ビジネスも、民泊仲介サイトに登録された物件や部屋の増加が目立つようになり、次第に民泊ビジネスも価格競争に巻き込まれつつあります。

これに応じて、利益をキープできる範囲で極力宿泊料さえ安くするのは本当によいのでしょうか。

民泊ビジネスを始めて間もない事業者はもちろん、始めようとしている方が経験者にアドバイスを聞く場面でも「稼働率が重要」という考えをすることがよくあります。これは、民泊ビジネスが不動産賃貸業に類似しているためで、極端に言えば、貸し出す物件（または部屋）がいくつかあり、その数が多いほど利益も増大するという誤った認識にあります。

確かに民泊ビジネスは物件や部屋をゲストに貸し出すため、形式的には不動産賃貸業に類似した「継続型ビジネス」の側面を持ちますが、その対象となるゲストは常に流動的なため、継続型ビジネスとして「稼働率」を基準に収益予測することは大変危険です。

民泊ビジネスはむしろ、飲食店や美容院に近い「スポット型ビジネス」となります。スポット型ビジネスは、安定性が低く、継続型ビジネスとは対象的に一度の取引の単価を上げることが重要なビジネスです。

言い換えれば、金額がやや高額になったとしても、他の施設との差別化を図り、新規顧客の開拓とリピーターを増やす工夫が最重要になります。

◉ 民泊ビジネスの差別化にはどのようなものがあるか

差別化をする際に最も重要となるのは、取り扱う施設にどのような付加価値があるかです。

民泊を利用しようとするゲストからみて、他の施設では得られない特徴を備えている価値の高い施設であるか否かをしっかり検討する必要があります。またこの付加価値にはわかりやすいストーリーやコンセプトといったものが感じられる必要があります。

特に民泊ビジネスは、ほとんどの顧客が訪日外国人であり、わざわざ来日する外国人が日本に求めるものは、「自国にはない何か」です。決してなんでもいいから安く泊まれればよいという発想ではありません。もちろん、バックパッカーや学生などの場合は、金額と交通の利便性を重要視して施設を選ぶことが多いのですが、そのようなゲストの場合、古くから存在するゲストハウスやカプセルホテルが受け皿となっており、これらの事業は、盤石な経営基盤をもつからこそ成立するビジネスといえます。決して新規参入の民泊事業者がめざすべきビジネスではありません。

以下では、付加価値を考える際に重要ないくつかのポイントについて触れていきます。

ポイント1　便利さの付加価値を提供する

比較的多くの物件で取り入れ易いのが「便利さ」という付加価値です。便利さにもいろいろありますが、「民泊利用者に人気の高い観光用レンタサイクルが標準装備されている」「玄関からバリアフリーで大量のキャリーケースを収納できるスペースが確保されている」などは、よく見られる例です。

その他、「人気の観光スポットに近い」「観光スポットから遠い場合でもホスト自身が車やバイクで送り迎えしてくれる」といった例もあります。

あえて宿泊するゲストの人種に傾向を持たせ、ホストや従業員がその言語に完全対応しているといったものも便利さの付加価値といえるでしょう。

ポイント2　上質さという付加価値を提供する

上質さは、ホテルや旅館のイメージがありますが、あえて民泊で上質さを取り入れて成功している例もあります。

そのままズバリ高級住宅を民泊として提供する例はもちろん、歴史的価値の高い京町家などの建造物を民泊として提供したり、名所が一望できる最高のロケーションに位置する物件を提供するなど、さまざまな付加価値が考えられます。

中には、施設の中にある家具、食器、掛け軸などが高級な骨董品でそろえた一泊何十万円もする民泊というものまで登場しています。

ポイント3　最新技術という付加価値を提供する

便利さにも通じる付加価値ですが、スマートキー（44ページ）はもちろん、快適な宿泊環境を提供する室温センサー内蔵、タブレットからエアコンや各種機器の操作ができるシステムを完備しているといった施設があります。

さらに、複数言語で365日な対応が可能な人工知能による質問・リクエストに応えるサービスなどを導入し、タクシーの手配や料理のデリバリーサービスまで提供される例もあります。

ポイント4　ゲストの個別ニーズに対応した付加価値

ホストにとっても、もっともやりがいがあり、安定した経営が見込める付加価値の付け方が個別ニーズに対応する方法です。

古くからある地域の特産品に関する農業体験を前提とした農家型民泊をはじめ、有名なアーティストやデザイナーが手がけたアート型民泊、日本のアニメやキャラクターをコンセプトにしたオタク型民泊など枚挙にいとまがありません。

変わり種としては、お寺に宿泊し、座禅や写経などの修行ができたり、精進料理も味わえる宿坊型民泊や、忍者屋敷風のからくりや茶道、着付けなどを体験できる体験型民泊などがあります。

◉ 周辺住民との関係も重要

訪日外国人は、単に泊まれる施設を探すというよりも、日本の生活や文化そのものに興味を持ち、自国にはない何かを体験するために旅行していることを認識する必要があります。

民泊をビジネスにしようと考える事業者の中には、法律さえ守っていればそれでよいと言わんばかりの経営をするケースもありますが、周辺住民の理解を得ていない、または近隣との調和がはかれていないまま、営業開始してしまう民泊では、その雰囲気がそのまま宿泊するゲストにはね返ってしまい、結果的にゲストのニーズを満たすことができず、いつまでも経営が安定しないケースも多々あります。

ゲストにとっては、周辺住民との良好なコミュニケーションや、困ったときに助けてもらえた経験なども、そのまま事業者の経営する施設の評価につながることを肝に銘じておく必要があります。

■ 訪日外国人の宿泊層と金額

	価　格	主な滞在	宿泊客
超高級宿	5～10万円	短期（1～3泊）	超富裕層の夫婦・家族
高級宿	3～5万円	中期（3～5泊）	富裕層の夫婦
中級宿	1～3万円	中期（3～5泊）	準富裕層の夫婦・家族・観光客
一般宿 ビジネスホテル	5000～1万円	短期（1～3泊）	一般観光客
ゲストハウス カプセルホテル	2000～5000円	様々（1～数週間）	バックパッカー・学生・低所得層

第２章

住宅宿泊事業法のしくみと手続き

1 住宅宿泊事業法について知っておこう

住居を使って宿泊事業を行うことができる法律

◉ 住宅宿泊事業法の意義が見直される

すでに述べたように近年では、住宅を活用して宿泊サービスを提供する民泊ビジネスが世界各国で流行しています。新型コロナ感染拡大前に、多くの外国人観光客が日本に押し寄せる反面、宿泊施設が足りていないことを考慮し、民泊ビジネスが普及拡大しましたが、感染拡大後はかなりの民泊ビジネスが撤退したこともあり、2023年末頃より日本に訪れる外国人旅行者数がコロナ禍前の水準に回復した中で、再び宿泊施設の不足が懸念されています。

住宅宿泊事業法はもともと宿泊施設が不足する中、旅館業許可を取得できない施設に対応するために成立した法律です。現状を踏まえ、再び増加し始めた訪日外国人観光客のニーズと大都市部での宿泊需給の逼迫状況等に対応するため、民泊の適正な運営を確保しつつ、国民生活の安定向上や国民経済の発展に寄与するために住宅宿泊事業法の意義が再び見直されています。

◉ どんな事業が対象なのか

住宅宿泊事業法は、その名前のとおり「住宅宿泊事業」に関する法律です。住宅宿泊事業は、これまで法律で明確に定義されていなかった「民泊」を定義付けたものと考えることもでき、従来の旅館業法上で規定されていた「旅館・ホテル営業」「簡易宿所営業」「下宿」のいずれにも属さない営業方法となります。

具体的には、住宅を１日単位で宿泊料を得て年間180日を超えない範囲で反復継続して行う営業行為を指します。

また、住宅宿泊事業はもちろん、これまでの旅館業法では対象とされてこなかった民泊運営管理代行業者（住宅宿泊管理業者）や、「Airbnb」や「Booking.com」などの民泊仲介サイト（住宅宿泊仲介業者）についても、その業務内容や義務、手続き、行政の監督権限などを定めています。

◉ 旅館業法との違いは何か

住宅宿泊事業法は、これまで旅館業法上の営業許可を取得できない営業行為への対策として制定された一面があります。したがって旅館業法と、住宅宿泊事業法には大きな相違点がいくつも見受けられますが、中でも比較されやすい特徴を取り上げると、まず法律自体の目的の違いが挙げられます。

旅館業法は主に公衆衛生に焦点をあてているのに対して、住宅宿泊事業法は、観光客の来訪や滞在を促進することに加え、これにより影響を受ける国民生活の安定と国民経済の発展に寄与することも考えています。そのため、旅館業法では規定のない地域住民に対する事業者の苦情対応や、ゲストが騒音等迷惑行為を行わないための説明義務などが規定されています。関連して家主が同居しない営業など、一定の条件に該当すると、国土交通省に登録された管理業者に管理業務を外部委託しなければなりません。

また、旅館業法は許可制であり、行政に裁量の余地がありますので、申請が拒否される場合もありますが、住宅宿泊事業法上の手続きは届出や登録であり、行政による裁量の余地がありません。

他に具体的なものとして、旅館業法では課題になりやすかった玄関帳場（フロント）の設置が住宅宿泊事業法では前提とされておらず、代わりに家主（事業者）の居住・非居住の区別が重要視されています。

さらに、換気・採光・照明といった衛生措置に関する構造に関する規定が住宅宿泊事業法では厳格化されていません。

◉ 住宅宿泊事業法の全体像

住宅宿泊事業法は、民泊ビジネスを「家主居住型」と「家主非居住型」に区別し、民泊事業者（住宅宿泊事業者）と、民泊運営管理代行業者（住宅宿泊管理業者）、民泊仲介サイト（住宅宿泊仲介業者）それぞれに対する規制内容、適正な管理や安全面・衛生面の確保、手続きの方法、その他民泊の実情を国が把握できるしくみを定めています。

住宅宿泊事業者は、都道府県知事に届出を行います。また、住宅宿泊事業者には営業の適正な遂行のための措置として衛生確保措置、ゲストに対する騒音防止のための説明、地域住民に対する苦情対応、宿泊者名簿の作成・備付け、標識の掲示等が義務付けられています。都道府県知事は、住宅宿泊事業者に対して監督を実施します。

■ 住宅宿泊事業法全体の枠組

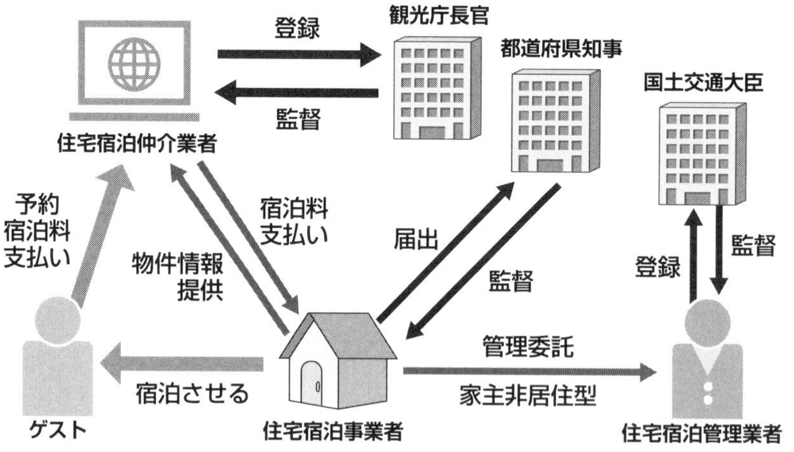

住宅宿泊管理業者とは、住宅宿泊事業者のうち、家主が居住しない場合や、不在で営業する場合に管理の委託を受ける事業で、国土交通大臣に登録している者です。

住宅宿泊管理業には営業の適正な遂行のための措置として、住宅宿泊事業者への契約内容の説明や、衛生確保措置、騒音防止のための説明、苦情への対応、宿泊者名簿の作成・備付けなどが義務付けられます。国土交通大臣は、住宅宿泊管理業者に対して監督を実施します。

■ 旅館業法との比較

	住宅宿泊事業法	旅館業法（簡易宿所）
日数要件	年間 180 日以内	なし
客室床面積	宿泊者数に応じた面積基準 （3.3 ㎡ × 宿泊者以上）	33 ㎡以上 （10人未満=3.3㎡×宿泊者数）
事業開始手続	届出（役所の裁量なし）	許可（役所の裁量あり）
住民トラブル防止措置	・苦情対応義務 ・「標識」提示義務 ・ゲストへの説明義務	なし
宿泊者名簿	氏名、住所、職業 旅券番号等	氏名、住所、職業 旅券番号等
ゲスト確認手続き	氏名、住所等は宿泊サービス提供契約書等で担保	10 人未満の施設の場合、本人確認、緊急体制等の代替措置があれば不要
衛生措置	定期的な清掃等の実施	換気、採光、照明、防湿、清掃等の措置
管理者の規制	一定の条件に該当すると国土交通省に登録された管理業者に外部委託する義務有	なし （ただし、労働安全衛生法の義務は別途あり）
行政処分権限	定期報告義務、立入検査、業務改善命令、業務停止命令	報告徴収、立入検査、業務改善命令、業務停止命令

2 住宅宿泊事業の届出にはどんな要件が必要なのか

営業開始前に届出をしなければならない

◉ 基本的な特徴

住宅宿泊事業の届出を考える際に、もっとも重要なのは、旅館業の許可とは違い、「人を宿泊させる日数が180日を超えない」という点です。

住宅宿泊事業法は、前提としては旅館業の要件に至らない事業に対する規制緩和の側面がありますが、あくまで「賃貸物件の空室リスク対策の選択肢として、高い利回りも期待できる民泊という手段を取りうる」という、補助的な事業の位置付けとして考えられていることが日数の制限に表れています。

この180日の算定方法ですが、毎年４月１日正午～翌年４月１日の正午までの間で、人を宿泊させた人数となっており、正午から翌日の正午までの期間を１日としてカウントします。

国土交通省や厚生労働省が策定した住宅宿泊事業法施行要領（以下、「ガイドライン」）では、「宿泊料を受けて住宅に人を宿泊させた実績があれば、短期間であるか、日付を超えているかどうかは問わず、１日と算定される」とも説明されています。このことから正午のチェックインであろうと、午後16時のチェックインであろうと、翌日の正午までにチェックアウトした場合、同じ１日としてカウントすることになります。

住宅宿泊事業法は、民泊という概念を前提に、そのまま法律に落とし込んでいますので、旅館業法との大きな違いとして、建物の用途は「居宅」のままで事業を行うという点が挙げられます。建物用途の「居宅」とは厳密にいうと「居宅」「長屋」「共同住宅」「寄宿舎」です。

特に「共同住宅」と「寄宿舎」は、言いかえればマンションやアパートの一室で民泊を適法に行いうるという点が大きな特徴です。

ただし、分譲住宅で住宅宿泊事業を行う場合、届出時に「管理組合などの管理規約で民泊が禁止されていないことを証明する書類」の添付が求められます。ところが、割合的にマンションなどでは、民泊使用を不可とする一文が管理規約で明記されていることが多いため、注意が必要です。

管理規約に民泊についての定めがない場合は、追加で管理組合に住宅宿泊事業を営むことを禁止する意思がないことを確認し、その内容を証する書類提出が必要になります。

◉ 施設に関する要件

住宅宿泊事業は、住宅を活用した営業ですので、当然「住宅＝施設」に関する要件が大部分を占めます。

住宅宿泊事業に使用することができる住宅は「人の居住の用に供されていると認められる家屋」と定められていますが、これはさらに住宅宿泊事業法施行規則で「現に人の生活の本拠として使用されている家屋」「入居者の募集が行われている家屋」「随時その所有者、賃借人、転借人の居住の用に供されている家屋」に区分されています。

「現に人の生活の本拠として使用されている家屋」とは、現に特定の者の生活が継続して営まれている家屋で、住宅宿泊事業の届出をしようとする者の住民票上の住所とされていれば、当然に営業することが可能です（これを**家主居住型**といいます）。

一方で住民票上の住所とは別の住宅（生活の本拠としていない住宅）の所有者が住宅宿泊事業の届出をしようとする場合（これを**家主非居住型**といいます）は、「入居者の募集が行われている家屋」か「随時その所有者、賃借人、転借人の居住の用に供されている家屋」のいずれかでなければなりません。

ただし、広告などで申込がなされないような相場にそぐわない条件掲示による入居者の募集は、入居者の募集が行われているふりであって、実際は民泊等の投資目的の施設と判断されるため、住宅宿泊事業の届出はできません。しかし、「随時その所有者、賃借人、転借人の居住の用に供されている家屋」について、ガイドラインでは「少なくとも年１回以上は使用しているものの、生活の本拠としては使用していない家屋（別荘など）」の届出が認められるとしているため、こちらの要件は緩やかだといえます。

また、相続をしたものの現在居住しておらず、将来は住居として活用しようと思っている建物を一時的に住宅宿泊事業として活用することもでき、利用しやすさの落差はあるように思います。

なお、届出の対象となる住宅であっても、家屋内に台所、浴室、便所、洗面設備などが備わっていなければならないとされていますが、これらの設備は、必ずしも１棟の建物内に設けられている必要はなく、たとえば、京都の町家などによく見られる浴室のない「離れ」についても、浴室のある同一敷地内の「母屋」と併せて一つの「住宅」として届出が可能です。

それ以外にも、これらの設備は必ずしも独立している必要はなく、３点ユニットバスのように、一つの設備が複数の機能（浴室、便所、洗面設備）を有している場合も届出が可能です。

また、旅館業法では中心的課題であった客室床面積の考え方もある程度、踏襲されています。住宅宿泊事業においても居室の宿泊者１人当たりの床面積を、3.3㎡以上確保しなければならないので、旅館業法同様に、壁の内側で測られた建物の面積である「内寸面積」により算定することになります。

◉ 事業者に関わる要件

住宅宿泊事業を営もうとする者は、住宅宿泊事業法４条に定める欠格事由に該当していない必要があります。該当してはいけないそれぞれの欠格事由は以下のとおりです。

① 破産者 ② 事業廃止を命じられ、３年を経過しない者 ③ 刑罰等の執行後、３年を経過しない者 ④ 暴力団員等 ⑤ 未成年者で法定代理人が①～④のいずれかに該当するもの ⑥ 法人で、役員のうち①～④のいずれかに該当する者があるもの ⑦ 暴力団員等がその事業活動を支配する者

届出を行う場合は、欠格事由に該当していないことを証する書類や誓約書などを添付する必要があります。

◉ 営業形態ごとの要件

住宅宿泊事業では事業者である家主が居住している場合の「家主居住型」、届出しようとする住宅を生活の本拠としていない事業者が行う「家主非居住型」という２種類の営業形態がありますが、これら営業形態ごとに課される義務はそれぞれ異なります。

まず、民泊の起源ともいえるホスト自身の自宅の一部を提供することが通常であった「ベッド・アンド・ブレックファスト」に基づき、住宅宿泊事業法も「家主居住型」を原則として考えています。この家主居住の「居住」の要件が問題となりますが、住宅宿泊事業法11条では、「住宅宿泊事業者は…届出住宅に人を宿泊させる間に不在となるときには住宅宿泊管理業者に委託（この場合、家主非居住型になる）しなければならない」と定めているため、住宅宿泊事業者が「不在」にあたると判断されるのがどのような場合を指すのかが重要です。

この要件はさらに住宅宿泊事業法施行規則９条３項の規定に「日常生活を営む上で通常行われる行為に要する時間の範囲内」という定めがあり、ガイドラインでは、この日常生活を営む上で通常行われる行為」について、生活必需品の購入等を想定したものとされており、地域の事情等を考慮し、一概に定めることは適当ではないとしつつも、「原則１時間～２時間程度までの範囲」と説明があります。つまり、副業としての住宅宿泊事業は、特殊な事業がない限り「家主非居住型」になると考えられます。

続いて「家主非居住型」の要件ですが、最も重要なものとして、住宅宿泊事管理業者に管理業務を委託しなければならないことが挙げられます。また、「家主非居住型」の場合は高度なゲストの安全確保が重要となることから、ホテル・旅館業並みの非常用照明器具、自動火災報知設備といった消防設備の設置、避難経路の表示などが必要になります（家主居住型も宿泊室の面積が50㎡を超える場合は同様）。

◉ 住民の生活環境保全に関する義務

住宅宿泊事業法は、急増する訪日外国人観光客のニーズと大都市部での宿泊需給の逼迫状況等に対応するため、民泊の適正な運営を確保することを念頭に施行されましたが、それまでの民泊ビジネスに起因した近隣住民とのトラブルが少なからず発生し、社会問題化していたことが背景にあるため、周辺地域の生活環境への悪影響の防止対策が義務化されています。

これは、従来の旅館業法では義務化されていなかった重要なルールです。具体的には住宅宿泊事業法施行規則第８条に「騒音防止」「ゴミの処理に関する配慮」「火災の防止」という項目が挙げられています。

また、住宅宿泊事業者はこれらの注意事項について外国人のゲストに対して外国語による説明義務が課され、その他、周辺地域の住民からの苦情、問い合わせに適切かつ迅速に対応しなければならないものとされています。これは深夜早朝を問わず、常時、応対することや電話により対応する必要があります。宿泊者が滞在していない場合であっても同様です。

なお、住宅宿泊事業により発生したゴミですが、廃棄物処理法に従って、産業廃棄物（事業活動に伴って生じたゴミ）として処理する必要があります。具体的にはゴミの回収について産業廃棄物収集運搬業許可などを有する事業者に委託する必要があります。

■ 家主居住型と家主非居住型の比較 ……………………………

	家主居住型	家主非居住型
特徴	届出住宅に住民票有（生活の本拠）１～２時間以上不在とならない	生活の本拠としていないゲストを宿泊させる間、不在となる
イメージ	ホームステイ・下宿	投資・賃貸物件の転用
管理者	事業者自身	管理業務を委託した住宅宿泊事管理業者
消防設備	通常の住宅と同等の設備（宿泊室50㎡以下の場合）	旅館業と同等の設備
例外	届出住宅の居室が５室を超えるときは、住宅管理業者に管理業務の委託が必要	住宅宿泊事業者の生活の本拠とする住宅と届出住宅（居室合計が５室以下）が、同一の建築物内若しくは敷地内にあるときまたは隣接しているときは住宅管理業者への管理業務委託が不要

◉ その他の義務

その他にも住宅宿泊事業者にはさまざまな義務が課されています。まず、施設を利用するゲストに配慮して「定期的な清掃や衛生の確保」と「安全確保措置」が求められます。

「定期的な清掃や衛生の確保」はガイドラインでは、「設備や備品等については清潔に保ち、ダニやカビなどが発生しないよう除湿を心がけ、定期的に清掃、換気等を行うこと」「寝具のシーツ、カバー等直接人に接触するものについては、宿泊者が入れ替わるごとに洗濯したものと取り替える」といった宿泊施設では必須の具体的な方向性が示されています。

また、住宅宿泊事業法においても施設の規模や実態に応じて、「旅館業における衛生等管理要領」(厚生省生活衛生局長通知)を参考に、適切な衛生措置が講じることが望ましいとされています。

この衛生管理要領には、かねてより「他の宿泊者に著しい迷惑を及ぼす言動をしたとき」に宿泊拒否をすることができるとされていましたが、2020年以降のコロナウィルス感染拡大を受けて「発熱や咳・咽頭痛の症状がある宿泊客に外に出ないことの要請」を行うといった措置が求められることが明確にされました。

「**安全確保措置**」とは、施設に関する要件で触れた非常用照明器具の設置をはじめ、避難経路の表示などです。また、災害が発生した場合におけるゲストの安全確保(たとえば、施設の大きさに合わせた耐火措置など)があります。その他、ゲストが外国人である場合に、快適かつ利便性の高い時間を過ごしてもらえるよう、外国語による設備の説明や移動・交通手段の説明、火災などの災害が発生した場合に備えた通報連絡先の表示があります。

他にゲストに関する義務としては、旅館業法と同じく宿泊名簿の備え付け義務があります。宿泊名簿にはゲストの氏名、住所、職業、宿泊日、(外国人の場合)国籍・旅券番号などを記録し、3年間保存しなければなりません。

ゲストに関するもの以外で特徴的なものとしては標識の掲示義務と都道府県知事への定期報告義務があります。標識とは住宅宿泊事業者の連絡先や届出番号などが表示された掲示物で、ガイドラインでは、届出住宅の門扉、玄関などの、地上 1.2 m以上 1.8 m以下で、公衆が認識しやすい位置に掲示することが望ましいとしています。

また、都道府県知事への定期報告では、民泊制度運営システムを利用して（都道府県ごとに例外あり）、一定期間の「宿泊日数」「宿泊者数」「延べ宿泊者数」「国籍別の宿泊者数の内訳」などを報告することになります。

■ 住宅宿泊事業標識

注① 地の色は白色とし、標章は青色とすること。
② 「○○県知事」には、届出を受理した都道府県知事又は保健所を設置する市若しくは特別区の長の名前を記載すること。

注① 地の色は白色とし、標章は青色とすること。
② 「○○県知事」には、届出を受理した都道府県知事又は保健所を設置する市若しくは特別区の長の名前を記載すること。

Q **民泊を始める際に初期投資として消防設備が必要と聞きました。どのようなものを準備する必要がありますか。**

A 旅館業や住宅宿泊事業を始める際に必要となる消防設備等は、その規模によって大きく異なります。

まず、消防法上の消防用設備ですが、大きく分けて警報設備、消火設備、避難設備の３つがあります。

・警報設備

自動火災報知設備、ガス漏れ火災警報設備、漏電火災警報器、消防機関へ通報する火災報知設備、非常警報器具・非常警報設備（非常ベル、自動式サイレン、放送設備）があります。

・消火設備

消火器・簡易消火用具、屋内消火栓設備、スプリンクラー設備、水噴霧消火設備、泡消火設備、不活性ガス消火設備、ハロゲン化物消火設備、粉末消火設備、屋外消火栓設備、動力消防ポンプ設備があります。

・避難設備

避難器具（滑り台、避難はしご、救助袋など）、誘導灯・誘導標識があります。

このうち、消防法上の設置として、民泊関連で必ず必要になるのは、警報設備の「自動火災報知設備」と、避難設備の「誘導灯」です。

「自動火災報知設備」とは、火災が発生した場合に火災による熱、煙、炎などを感知し、火災信号を発信することで受信機から警報が発されるしくみをもつ設備です。警報により火災の発生を知った宿泊者がいち早く非難することができます。

「誘導灯」は、非常時に安全に屋外に避難できるために、扉付近や避難口に通じる通路に設置する標識をいいます。よく見る緑色の脱出するピクトグラム（人のマーク）がついた「避難口誘導灯」と、避難する方向を矢印で示した「通路誘導灯」があります。

誘導灯は、「無窓階」や「地階」でない場合で、居室の各部分から主要な避難口を容易に見通し、識別できるケースには、設置が免除される場合もありますので、事前に管轄の消防署に相談してみましょう。

他に、建築基準法上の設置義務として非常照明も必須です。ややこしいですが、非常照明の設置基規定は建築基準法にあり、定期的な点検義務は消防法の規定で定められています。よく聞く消火器の設置義務は、本当は床面積150㎡以上の場合となっていますが、火災時の初期消火にも役立つため、任意に設置しておくことが多いようです。

なお、床面積300㎡未満の場合は、特定小規模施設の特例があり、「自動火災報知設備」を「特定小規模施設用自動火災報知設備」とすることができます。「特定小規模施設用自動火災報知設備」とは、具体的には、受信機や配線が不要な無線式の感知器で低コストでの導入が可能です。一般的な戸建て（２階建て）の場合でおおよそ30万円～50万円で導入できます。

■ 主な消防設備の設置基準

基　準	非常用照明	自動火災報知設備	誘導灯	消火器
民泊部分が建物全体の半分未満で延べ床面積 50 ㎡未満	不要	建物全体に住宅用	不要	不要
民泊部分が建物全体の半分で延べ床面積 50 ㎡超	必要	宿泊部分に 特定小規模施設用	必要	不要
民泊部分が建物全体の半分で延べ床面積 150 ㎡超	必要	宿泊部分に 特定小規模施設用	必要	必要
民泊部分が建物全体の半分超	必要	建物全体に 特定小規模施設用	必要	不要
民泊部分が建物全体の半分超で延べ床面積 150 ㎡超	必要	建物全体に 特定小規模施設用	必要	必要
民泊部分が建物全体の半分で延べ床面積 300 ㎡超	必要	宿泊部分に 通常自動火災報知設備	必要	必要
民泊部分が建物全体の半分超で延べ床面積 300 ㎡超	必要	建物全体に 通常自動火災報知設備	必要	必要

3 住宅宿泊管理業はどうなっているのか

適切な契約により家主が不在の場合の管理責任を明確化する

◉ どのような業務を行うのか

住宅宿泊管理業者とは、これまでの旅館業法では対象とされてこなかった民泊運営管理代行業者のことです。家主非居住型の住宅宿泊事業を管理するために、国土交通省に登録し、住宅宿泊事業者と管理委託契約を締結した者をいいます。

住宅宿泊事業の管理には、ゲストのチェックインにはじまり、宿泊名簿の作成・備え付け、施設利用方法の説明、ゲストの衛生や安全確保の措置（日常清掃・クリーニングや、防災活動・点検など）、騒音や苦情など近隣トラブル対処などがあります。

特に、周辺住民からの苦情に応答し、ゲストに行為の中止を求めたり（外国語対応が標準）、緊急を要する通報に対しては、警察署や消防署、医療機関等に連絡をしたり、ゲストに対する宿泊拒否の対応をするなど、かなり責任の重い役割を担います。

もちろん、チェックアウト後の住宅状況確認（破損や忘れ物有無など）を行ったり、棄損などの有害行為に対しての法的措置の助言などを行うことも想定されています。

また、長期滞在者に対しては、定期的な面会を行い、所在不明となっていないかの安否確認や、反対に契約外の不審者が滞在していないかなどの事項を確認することもあります。

◉ 誰が登録できるのか

このように非常に責任の重い役割を担う住宅宿泊管理業者は、誰でも登録できるわけではありません。住宅宿泊事業法25条には住宅宿泊管理業者の登録拒否事由が規定されていますが、これを整理すると以下のようになります。

① 破産者
② 登録取消後、５年を経過しない者
③ 刑罰等の執行後、５年を経過しない者
④ 暴力団員等
⑤ 住宅宿泊管理業に関し不正や不誠実な行為をするおそれがあると認めるに足りる相当の理由がある者
⑥ 未成年者で法定代理人が①〜⑤のいずれかに該当するもの
⑦ 法人で、役員のうち①〜⑤のいずれかに該当する者があるもの
⑧ 暴力団員等がその事業活動を支配する者
⑨ 財産的基礎を有しない者
⑩ 住宅宿泊管理業を的確に遂行するための必要な体制が整備されていない者

このうち、⑤の「住宅宿泊管理業に関し不正や不誠実な行為をするおそれがあると認めるに足りる相当の理由がある者」とは、2017年12月に国土交通省と厚生労働省が策定した住宅宿泊事業法施行要領（以下、「ガイドライン」）において「②の取消処分逃れで廃業した者」や「違法民泊業者（旅館業の罰金刑に処せられた者など)」とされています。

その他、⑨の「財産的基礎を有しない者」とは、同ガイドラインにおいて「負債の合計額が資産の合計額を超えないこと」や「支払不能（債務が返済できないこと）に陥っていないこと」とされています。

中でも判断が難しいものとして、⑩の「住宅宿泊管理業を的確に遂行するための必要な体制が整備されていない者」があります。

これは、さらに「⑴管理受託契約の締結に係る業務の執行が法令に適合することを確保するための必要な体制が整備されている

■ 住宅宿泊管理業者の登録要件一覧

<table>
<tr><td rowspan="5">必須要件</td><td rowspan="2">財産的基礎要件</td><td colspan="3">負債の合計額が資産の合計額を超えないこと</td></tr>
<tr><td colspan="3">支払不能に陥っていないこと</td></tr>
<tr><td rowspan="3">住宅宿泊管理業の的確遂行体制</td><td rowspan="2">管理業務の執行が法令に適合するために必要な体制整備</td><td>法人の場合</td><td>・登録実務講習事務講習を修了し、国土交通大臣の登録を受けた者
・住宅の取引または管理に関する契約実務を伴う2年以上の業務経験
・宅地建物取引士有資格者
・マンション管理業務主任者有資格者
・賃貸不動産経営管理士有資格者</td></tr>
<tr><td>個人の場合</td><td>・住宅の取引または管理に関する契約実務を伴う2年以上の事業経験
・宅地建物取引業免許
・マンション管理業登録
・賃貸住宅管理業登録</td></tr>
<tr><td>管理業務を適切に実施するために必要な体制整備</td><td colspan="2">営業所または事務所の実態があること
・管理業務を適切に実施する人員体制が確保されていること
（ICT などを用いた遠隔による管理に置き換えることは可能）</td></tr>
<tr><td>その他欠格事由</td><td colspan="4">・破産者
・登録取消後、５年を経過しない者
・刑罰等の執行後、５年を経過しない者
・暴力団員等
・住宅宿泊管理業に関し不正や不誠実な行為をするおそれがある者
・未成年者で法定代理人が①～⑥のいずれかに該当する者
・法人で、役員のうち①～⑥のいずれかに該当する者がある者
・暴力団員等がその事業活動を支配する者</td></tr>
</table>

と認められない者」と「(2) 住宅宿泊管理業務を適切に実施するための必要な体制が整備されていると認められない者」に区分されています。(1)をわかりやすく説明すると下図のように一定の資格や実務経験などが必要です。

(2)については、しっかりとした人員体制の確保が原則となりますが、再委託による人員の確保を予定している場合には、再委託先の人員体制が重要視されます。ただし、ICTなどを用いた遠隔による管理（たとえば、テレビ電話やタブレット端末などによるゲストの滞在確認や騒音センサーによる管理など）を行う場合や、電子キーなどを用いて鍵の受け渡しを行うなど、管理業者が直接鍵の受け渡しを行わないには人員体制の確保は緩和されます。ただし、いずれにしても、営業所または事務所の実態がなければ必要な体制が整備されているとは認められません。

◉ 業務遂行上の注意点は何か

大前提として、委託を受ける住宅は、住宅宿泊事業者の貴重な

■ 管理業務執行が法令に適合するかの判断

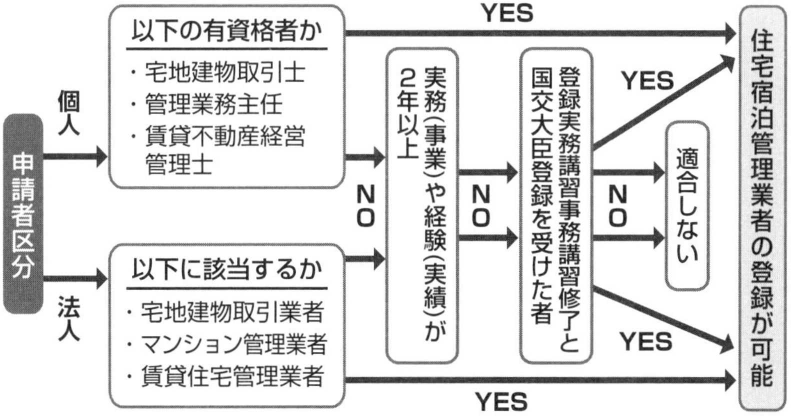

財産であり、管理責任の大きさに留意しなければなりません。住宅宿泊事業法では、住宅宿泊管理業者は常に公正な立場を保持して、業務を誠実に遂行することで委託者の利益を保護するよう定めており、さまざまな義務を住宅宿泊管理業者に課しています。

ここでは、実際に住宅宿泊事業者と住宅宿泊管理業者が管理業務委託契約を締結する流れに沿って気をつけるべきポイントを説明していきます。

①　契約締結前

住宅宿泊管理業者は、業務の広告をする際、虚偽広告や誇大広告をすることが禁止されています。広告とは、新聞の折込チラシをはじめ、ポスティング、テレビ、ラジオ、インターネットのホームページなどを含みます。

誇大広告とは、実際のものよりも著しく優良である、有利であると人に誤認させるような表示をいいます。規制対象となる広告は「住宅宿泊管理業者の責任に関する事項」「報酬の額に関する事項」「管理受託契約の解除に関する事項」とされています。

さらに、住宅宿泊管理業者は、不当な勧誘等をしてはならないと定められています。不当な勧誘等とは、管理受託契約に関する事項でその判断に影響を及ぼすことになる重要な事項につき、故意に虚偽の内容を告げたり、告げるべき事項を告げないようなことをいいます。この場合の「判断に影響を及ぼすこととなる重要な事項」とは、委託報酬に関する事項や、責任、免責に関する事項など、相手方の不利益に直結する事項です。

その他にも、相手方の承諾なく午後９時から午前８時までの時間帯に、電話勧誘または訪問勧誘を行う行為や、その気のない相手に執拗に勧誘する行為も含まれます。なお、届出住宅の事情を考慮して住宅宿泊管理業務の適切な実施を確保できないことが明らかであるのに、この住宅を対象とした管理受託契約を締結する行為も不当な勧誘等にあたるとされています。

②　契約締結時

住宅宿泊管理業者は、管理受託契約の締結に際し、相手方に対し、管理受託契約の内容やその履行に関する以下の事項について書面を交付して説明する義務を負います。

ⓐ　管理受託契約を締結する住宅宿泊管理業者の商号、名称または氏名、登録年月日・登録番号
ⓑ　住宅宿泊管理業務の対象となる届出住宅
ⓒ　住宅宿泊管理業務の内容、実施方法
ⓓ　報酬とその支払時期、方法
ⓔ　前号に掲げる報酬に含まれていない住宅宿泊管理業務に関する費用で、住宅宿泊事業者が通常必要とするもの
ⓕ　住宅宿泊管理業務の一部の再委託に関する事項
ⓖ　責任、免責に関する事項
ⓗ　契約期間に関する事項
ⓘ　契約の更新、解除に関する事項

これらのうち、ⓒ住宅宿泊管理業務の内容、実施方法では、届出住宅の維持保全と管理業務の内容について、届出住宅の状況等に応じて回数や頻度、方法等を明示して可能な限り具体的に説明する必要があります。

管理受託契約を締結したときは相手方に対し、すぐに契約書の書面を交付する義務を負っています。この契約の書面は「対象の住宅」「住宅宿泊管理業務の実施方法」「報酬に関する事項」「住宅管理業務の内容」「責任、免責に関わる事項」など、たくさん定められていますが、これについては、国土交通省より「住宅宿泊管理標準契約書（132ページ）」が公表されていますので、活用

するとよいでしょう。

③　契約締結後

実際に管理業務を遂行していく中では、営業所または事務所ごとに、公衆の見やすい場所に住宅宿泊管理業者登録票を掲げる義務を負い、住宅宿泊管理業務の実施状況や届出住宅の維持保全状況、周辺地域の住民からの苦情の発生状況について住宅宿泊事業者に定期的な報告をしなければなりません。

◉ 義務を果たさないとどうなるのか

住宅宿泊管理業の適正な運営を確保するため必要があると認めるときは、国土交通大臣より業務の方法の変更や運営の改善に必要な措置をとるべきことが命じられます。

この業務改善命令に違反すると、登録の取消しや、１年以内の期間を定めてその業務の全部あるいは一部の停止が命じられることになります。このうち、登録が取り消された場合、登録は抹消されます。

■ 住宅宿泊管理業者登録票 ……………………………

標　　　識

住宅宿泊管理業者登録票	
登録番号	国土交通大臣（　）第　　　号
登録年月日	年　　　月　　　日
登録の有効期間	年　月　日から　年　月　日まで
商号、名称又は氏名	
主たる営業所又は事務所の所在地	電話番号　（　　）

（縦）30cm以上

（横）35cm以上

4 手続きの全体像と必要書類をおさえておこう

住宅宿泊事業届出と住宅宿泊管理業登録の手続き

◉ 住宅宿泊事業届出の流れ

住宅宿泊事業は、旅館業の許可とは異なり、届出となっています。許可は、法令で一般的に禁止されている行為について、行政の許可を得ることで禁止が解除されます（営業をしてもよくなります）。一方で、届出は、届出をする行為そのものにより、一定の行為を適法に行えます（営業をしてもよくなります）。

このことから、厳密に言えば、届出をした後は、即日営業開始が可能になるはずですが、住宅宿泊事業法では都道府県知事より通知される「届出番号」を記した標識を掲げる義務があり、また、内容に虚偽があった場合の罰則などもあるため、実際には許可に近い運用になっています。

これらを踏まえて住宅宿泊事業届出の流れを説明していきます。

①　事前相談

前述した虚偽の届出を予防する目的だけでなく、複雑な法律であることもあり、自身が行いたい事業が住宅宿泊事業法の定める要件をクリアできるのか、営業開始前、開始後にどのような点に注意すればよいのかなどをしっかり届出窓口に相談しておく必要があります。後述するように住宅宿泊事業法は、条例の内容が地域の実状に応じて異なって規制されている側面が強く、届出窓口に詳細を確認しておく方が安心です。

住宅宿泊事業の届出は都道府県知事に行うものとされていますが、実際の窓口は事業を行いたい所在地を所管する保健所や保健センター（またはこれらの機関より委託を受けた指定機関）となっています。

② 要件の確認と工事

法律、施行規則、省令、ガイドライン、条例を前提に事前相談で明らかとなった諸要件をクリアするように体制構築や工事、その他の準備を行います。

体制構築面では、「宿泊名簿を備え付ける方法（帳簿か、電磁的記録による方法）」「外国宿泊者に対する快適性と利便性の確保」として外国語による設備使用方法説明書、交通手段の説明書、災害時の連絡先案内などを備えます。また、周辺地域の生活環境への悪影響の防止対策として、ハウスルールの整備や、苦情対応を実現する人的な体制構築が必要です。

工事が必要となる可能性のあるものとしては、台所、浴室、便所、洗面設備の確保、非常用照明や火災報知設備などの消防設備の設置、準耐火構造壁による防火の区画（家主非居住型で宿泊室床面積50㎡を超え複数グループを泊める場合）などがあります。

③ 安全確保措置状況のチェックと周辺住民等への事前周知

都道府県によっては、この段階で届出住宅が建築基準法や消防法に基づいて火災やその他の災害が発生した場合の宿泊者安全確保を図るために必要な措置がなされているか、近隣住民に対して、必要な項目を事前周知することなどが求められます。

④ 消防検査と適合通知書の交付

家主非居住型で宿泊室床面積50㎡を超える場合は、非常用照明や火災報知設備などの消防設備の設置と避難経路の表示、準耐火構造壁による防火の区画などが必要になります。

これらの措置を講じた後、所管の消防署の検査を経て、消防法令適合通知書の交付を受ける必要があります。なお、床面積50㎡未満でも検査を経て消防法令適合通知書の交付は受ける必要があります。

⑤　必要書類の収集

届出書類に添付する必要がある「図面」「貸主の使用承諾書（届出住宅が賃貸借物件の場合）」「規約の写し（届出住宅が分譲住宅の場合）」「不動産の登記事項証明書」「法人の登記事項証明書（法人の場合）」「住民票」「身分証明書」「管理受託契約書（住宅宿泊管理業者に管理を委託をする場合）」などを集めておく必要があります。都道府県によって書類の省略や追加の書類など異なる場合がありますので、詳しくは所管の届出窓口に確認する必要があります。

⑥　届出書の作成と提出

届出書などを作成し、添付書類を添えて届出住宅を所管する届出窓口へ提出します。

⑦　通知書の受領と営業開始

都道府県知事より届出番号が記載された通知書が発行されますので、法律で定められた標識を掲示し、営業を開始します。

都道府県ごとに異なりますが、概ね７日～10日程度で通知書が発行される見込みです。

◉ どんな書類が必要になるのか

住宅宿泊事業の届出には以下の書類の提出が必要です。ただし、

■ 住宅宿泊事業届出の流れ

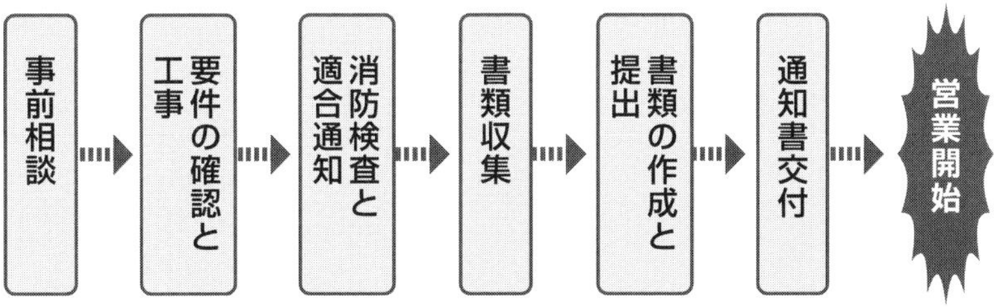

都道府県によっては別途、書類の提出を要求されることがありますので、所管の保健所などに確認することが大切です。

① 住宅宿泊事業届出書　第一号様式（第一面）
② 住宅宿泊事業届出書　第一号様式（第二面）
③ 住宅宿泊事業届出書　第一号様式（第三面）
④ 住宅宿泊事業届出書　第一号様式（第四面）
⑤ 住宅宿泊事業届出書　第一号様式（第五面）
⑥ 不動産登記事項証明書
⑦ 住宅の図面
⑧ 転貸等の承諾書（賃貸物件の場合）
⑨ 規約の写し（分譲住宅等の場合）
⑩ 管理組合の確認書（分譲住宅等で規約に民泊の定めがない場合）
⑪ 法人登記事項証明書（法人のみ）
⑫ 定款（法人のみ）
⑬ 身分証明書（申請者の分や、法人は役員全員分）
⑭ 管理受託契約の締結時の書面（住宅宿泊管理業者に委託をする場合）
⑮ 誓約書
⑯ 入居者の募集が行われていることを証する書類等（生活の本拠として使用していることが証明できないとき）

◉ 都道府県ごとの違い

住宅宿泊事業法18条は、民泊による騒音など、生活環境の悪化を防止するため必要があるときは、合理的に必要と認められる限度で都道府県ごとに条例を定め、住宅宿泊事業の営業に対する期間制限をすることができると定めています。

たとえば、かなり早い時期から条例の検討に入っていた北海道では、住居専用地域は土日・祝日の約60日以内、学校周辺は学校が休みの日のみの年間約110日など区域ごとに法律よりも短い期間に規制をかけています。その他、京都市では、住居専用地域は営業可能日を1月正午から3月正午までの60日間に限定し、住居専用地域が大半を占める世田谷区では営業可能日を土曜日正午以降から月曜日正午までとし、営業日数としては実質100日程度に制限されることになっています。

軽井沢町では国際親善文化観光都市及び保健休養地として民泊施設の設置そのものを認めていません。当初、営業日のゼロ日規制は、法の目的を逸脱するとして多くの都道府県が断念した中、軽井沢町の運用は非常に稀有な事例です。

このように現在の都道府県ごとの条例では、住宅宿泊事業が想定する営業日数180日に対する規制が注目されがちですが、実際に事業の届出を行う際に必要となる添付書類などに関する都道府県ごとの違いをしっかり把握しておかなければ、スムーズに営業開始をすることができないため注意が必要です。

たとえば、外国人観光客の注目を集める街のひとつである京都市では、住宅宿泊事業法で予定されていた条例による営業期間の制限にとどまらず法の趣旨目的から認められる範囲として事業届出に関する追加の義務を定めています。京都市内における住宅宿泊事業者は、営業開始時（届出前）の段階で、近隣住民に事業計画の事前説明をすることが義務付けられます。このことから届出の添付書類には義務を果たしたことを証する書面（議事録や協定書など）を求められることになります。

その他、家主非居住型による住宅宿泊管理業者とは別に届出住宅から10分以内に駆け付けられる範囲に駐在している現地対応管理者の確保も義務付けられますので、条件に合った委託先を確保しておく必要があります。

◉ 住宅宿泊管理業登録の流れ

住宅宿泊管理業は、住宅宿泊事業の届出と異なり登録制となっています。届出は、届出をする行為そのもので、一定の行為を適法に行えるものですが、登録は届出のように提出そのものでは効果は発生せず、その内容を行政が帳簿に記載することで効果が発生します。

少し許可に近いイメージを持つかもしれませんが、行政には帳簿への記載を拒否するなどの裁量が認められないため、許可よりは緩やかな手続きです。一方で届出よりは厳しいともいえますので、住宅宿泊事業法は、住宅宿泊事業者よりも住宅宿泊管理業者の方をより注意していることがわかります。

住宅宿泊管理業登録の流れは以下のとおりです。

①　事前相談

複雑な法律であることもあり、また宅地建物取引業など一定の要件または講習受講などが前提となっているため、自身が住宅宿泊事業法の定める要件をクリアできるのか、営業開始前、開始後にどのような点に注意すればよいのかなどをしっかり登録窓口に相談しておく必要があります。

住宅宿泊管理業の登録は国土交通大臣に行うものとされていますが、実際の窓口は事業を行う営業所を所管する地方整備局等（これらの機関より委託を受けた指定機関）となっています。

②　必要書類の収集

登録申請書に添付する必要がある「法人の登記事項証明書（法人の場合）」「定款（法人の場合）」「納税証明書」「身分証明書」「住民票」などを集めておく必要があります。

中でも、住宅宿泊管理業では、管理業務の執行が法令に適合すること（74ページ）を証明する書類として各資格証の写しや、実務講習修了を示す書類なども必要になりますし、管理業務を適切に実施するための必要な体制（75ページ）を証する書類として人員体制説明書類や、ICT（情報技術に通信コミュニケーションのメリットを不可した技術）などを用いた遠隔管理を実現する機器の仕様書（129ページ）などの添付も必要になりますので事前に準備しておく必要があります。

都道府県によって書類の省略や追加の書類など異なる場合がありますので、詳しくは所管の登録窓口に確認しましょう。

③　登録申請書と添付書類の提出

事前相談で登録申請書や添付書類の作成が可能となり、その他の必要書類の収集もできれば、所管の地方整備局等に登録申請書や添付書類を提出します。

なお、登録申請手数料は新規の場合90,000円（更新の場合は19,700円）で登録免許税の納付の形で支払います（更新の場合は収入印紙等）。

④　登録申請書の審査

登録は行政に裁量権はありませんが、登録申請書の記載事項に不備がないか、不足している添付書類はないかなどの確認がなされます。また、必要に応じて指導などもなされます。

⑤　登録番号の発行と営業開始

帳簿に内容が記載され、申請した事業者に対して登録番号の通知がなされます。登録番号を確認した申請者は、営業を開始することができます。

◉ どんな書類が必要になるのか

住宅宿泊管理業の登録には以下の書類の提出が必要です。ただし、都道府県によっては別途、書類の提出を要求されることがありますので、所管の地方整備局などに確認することが大切です。

① 住宅宿泊管理業者登録申請書　第一号様式（第一面）
② 住宅宿泊管理業者登録申請書　第一号様式（第二面）
③ 住宅宿泊管理業者登録申請書　第一号様式（第三面）
④ 住宅宿泊管理業者登録申請書　第一号様式（第四面）
⑤ 住宅宿泊管理業者登録申請書　第一号様式（第五面）
⑥ 住宅宿泊管理業者登録申請書　第一号様式（第六面）
⑦ 略歴書　第二号様式
⑧ 添付書類　第三号様式（第一面）
⑨ 添付書類　第三号様式（第二面）
⑩ 誓約書　第四号様式（法人の場合）
⑪ 財産に関する調書　第五号様式（個人の場合）
⑫ 誓約書　第六号様式（個人の場合）
⑬ 法人登記事項証明書（法人の場合）
⑭ 定款の写し（法人の場合）
⑮ 納税証明書
⑯ 身分証明書
⑰ 損益計算書、貸借対照表（法人の場合で直近年度のもの）
⑱ 住民票（個人の場合）
⑲ 管理業務の執行が法令に適合することを証明する書類
⑳ 管理業務を適切に実施するための必要な体制を証する書類

※宅地建物取引業者など一部書類が免除されます。

5 住宅宿泊事業関係の必要書類の書き方について知っておこう

届出書以外にも多くの添付書類が必要

◉ どんな書類を作成するのか

住宅宿泊事業の届出や、住宅宿泊管理業の登録に必要となる申請書類自体はそれぞれ、あまり複雑なことを記載することもなく、他の行政手続きに比べれば簡単な部類に入ります。

しかし、それぞれの記載内容は住宅宿泊事業法に定める各種の要件をクリアしていることを示すものとなり、個々の書類に記載する事柄が何を意味するのかなど、一つひとつ理解しながら記載しなければ、せっかくの届出をしても、「記載事項の不備」や「必要な書類が不足している」といった理由により営業開始ができなくなるおそれがあります。

ここでは、東京都新宿区において、宅間ひろしが家主非居住型による住宅宿泊事業の届出をする場合を想定（一部様式は参考）し、甲野不動産と住宅宿泊管理契約を締結した場面を例に、主な書式の書き方を説明します。なお、本書で掲載している書式はあくまでサンプルの一例であり、図面類の記載内容については、各都道府県の窓口によってそれぞれ判断が違う場合があります。詳細は、所管の担当窓口まで問い合わせてみてください。

◉住宅宿泊事業関係の書類の書き方

以下のような書類を作成します。

住宅宿泊事業届出書　第一面　（書式1　94ページ）

① 届出者が法人の場合は商号と代表者名、電話番号を記入します。個人の場合は屋号と個人名となります。届出者が未成年者

である場合には、法定代理人の同意書を添付する必要があります。

② 法人番号は、登録申請者が法人である場合にのみ記入します。法人番号とは、国税庁から指定・通知される13桁の番号で商業登記簿の会社法人等番号12桁の左側に1桁を付加したものになります。

③ 法人の場合、「フリガナ」の欄は、カタカナで上段から左詰めで記入し、その際、濁点及び半濁点は1文字とします（カブシキガイシャなど会社の種類は不要です）。「商号、名称又は氏名」の欄も、上段から左詰めで記入します。
個人の場合は、「フリガナ」の欄は、カタカナで、姓と名の間に1文字分空けて左詰めで記入します。「商号、名称又は氏名」の欄も姓と名の間に1文字分空けて左詰めで記入します。

④ 「丁目」「番」「号」をそれぞれ－（ダッシュ）で区切り、上段から左詰めで記入します。

⑤ 法人の場合は「1」、個人の場合は「2」を記入します。

⑥ 法人の場合、代表者について、個人の場合は個人について「氏名」「生年月日」「性別」を記入します。生年月日の元号は大正「T」、昭和「S」、平成「H」とローマ字頭文字の記入になりますので、元号が変わってもこれにならいます。

住宅宿泊事業届出書　第二面　（書式1　95ページ）

第二面は、申請者が未成年者や成年被後見人である場合、法定代理人（法定代理人が個人の場合）や、法定代理人の代表者に関する事項（法定代理人が法人である場合）、法定代理人の役員に関する事項（法定代理人が法人である場合）などについて第一面の記入方法に合わせて記入します。

申請者が未成年者や成年被後見人でない場合、書式の余白部分に「該当なし」と記入します。

住宅宿泊事業届出書　第三面　（書式１　96ページ）

第三面は、申請者が法人の場合に第一面で記入した代表者以外の役員について第一面の記入方法に合わせて記入します。代表者以外に役員がいない場合は未記入とし、書式の余白部分に「該当なし」と記入します。

住宅宿泊事業届出書　第四面　（書式１　97ページ）

①　届出者が住宅宿泊管理業者の場合のみ、登録年月日と登録番号を記入します。

②　住宅に関する郵便番号や所在地を記載します。「丁目」「番」「号」はそれぞれ－（ダッシュ）で区切り、上段から左詰めで記入します。

③　不動産番号は、添付する不動産登記事項証明書に記載されている13桁の番号を記入します。

④　「第２条各号に掲げる家屋の別」は、家主居住型（届出者の生活の本拠が届出住宅の住所と一致）の場合は「現に人の生活の本拠として使用されている家屋」にチェックを入れます。
添付書類として入居者募集の広告紙面の写しや、賃貸不動産情報サイトの掲載情報の写しなどを添付できる場合は「入居者の募集が行われている家屋」にチェックします。
「随時その所有者、賃借人または転借人の居住の用に供されている家屋」というのは、別荘などを指しますが、この場合、届出住宅周辺における商店で日用品を購入した際のレシートや、届出住宅と自宅の間の公共交通機関の往復の領収書の写し、高速道路の領収書の写しなどの添付が必要になります。

⑤　「住宅の建て方」は、届出住宅の建物用途に合わせてチェックします。なお、共同住宅はマンション、寄宿舎は寮やアパートのような便所や風呂が共同の住宅をいいます。

⑥　居室とは、宿泊者が占有する部屋をいいます。宿泊者の占有ではない台所、浴室、便所、洗面所、廊下の他、押入れや床の間

は含みません。この欄に記入する数字は内寸面積（内のり）です。宿泊者の占有可否で取扱いが異なるので、戸建ての場合は、家主居住型か家主非居住型（一棟貸し）により、計算が異なります（99ページ参照）。

⑦　宿泊室とは、宿泊者が就寝するために使用する部屋で、押入れや床の間は含みません。なお、面積の算定方法は壁その他の区画の中心線で囲まれた部分の水平投影面積（壁芯）とします。

⑧　「宿泊者の使用に供する部分の面積」とは、宿泊者の占有か住宅宿泊事業者との共有かを問わず、宿泊者が使用可能な箇所をすべて計算します。宿泊室の面積は除きますが、台所、浴室、便所、洗面所をはじめ、押入れや床の間、廊下も含みます。面積の算定方法は⑥同様、水平投影面積（壁芯）となります。

このような「内のり」と「壁芯」が混同している理由は、住宅宿泊事業法の所管が厚生労働省と国土交通省にまたがっているためと考えられます。

⑨　届出者の営業所等が別にある場合、この欄に記載します。

住宅宿泊事業届出書　第五面　（書式１　98ページ）

①　家主非居住型の場合、管理業務を住宅宿泊管理業者に委託することが必須となるため、必ず記載しておきます。

②　家主居住型の場合は「住宅に人を宿泊させる間、不在とならない」にチェックします。

③　届出住宅を賃借している場合は「賃借人に該当する」にチェックを入れ、「賃貸人が住宅宿泊事業の用に供することを目的とした賃借物の転貸を承諾している」にもチェックを入れます。

この場合、必ず添付書類として貸主の使用承諾書（書式３）などを添付します。下の「転貸借」に関するものも同様です。

④　マンションやアパートの場合にチェックを入れます。マンションやアパートなどの共同住宅でない場合は、下の「住宅が

ある建物が、二以上の区分所有者が存する建物で人の居住の用に供する専有部分のあるものに該当しない」にチェックします。

住宅の図面（書式2　99ページ）

「住宅の図面」には、以下の事項の記載が必ず必要になります。

① 台所、浴室、便所、洗面設備の位置

② 住宅の間取りや出入口

③ 各階の別

④ 居室、宿泊室、宿泊者の使用に供される部分（宿泊室を除く）のそれぞれの床面積

⑤ 非常用照明器具の位置、その他安全のための措置内容（下記「民泊の安全措置の手引き」URL参照）等、安全の確保のための措置の実施内容について明示

上記①～⑤が確認できるのであれば、多少正確性に欠ける図面や、手書きの図面であってもかまいません。

なお、93ページのフローチャートの結果によっては、さまざまな設備を住宅に設置した上で、図面にも位置を示す必要があります。

詳しくは国土交通省発行の「民泊の安全措置の手引き」(https://www.mlit.go.jp/kankocho/minpaku/content/001368071.pdf）を確認してみましょう。この場合、106ページのチェックリストの提出を求める都道府県もあります。

賃貸人が承諾したことを証する書類（書式3　100ページ）

届出者が届出住宅の賃借人である場合や、転借人である場合に、使用承諾書が必要になります。転借人である場合は賃貸人と転貸人両方の承諾書が必要となりますので、注意が必要です。本様式に決まった様式はありません。

欠格事由に該当しない誓約書（書式4、101～102ページ）

届出者や届出する法人の役員が、法律に定められている欠格事由（65ページ）に該当しないことを誓約する書類です。法人の場

合は、役員全員分が必要です。役員とは株式会社の場合、取締役、執行役、会計参与、監査役などを指します。財団法人や社団法人では、理事や監事です。

管理組合に禁止する意思がないことを確認した誓約書（書式5、103ページ）

マンションなどの共同住宅で、管理組合に民泊を禁止する意思がないことを確認した場合に添付する書類です。マンション管理規約などに「民泊禁止」の規定がなくても、民泊を肯定するものなのか判断がつかないために、事実確認をした上で、届出者が誓約することになっています。

住宅宿泊事業に伴う廃棄物に関する確認書（書式6、104ページ）

民泊には、都道府県の判断によって事業系一般廃棄物や産業廃棄物として指定されるものが排出されますので、適法な許可を有する事業者に収集を委託する必要があります。新宿区では、この義務について確認書を提出させることで担保しています。

説明実施報告書（書式7、105ページ）

新宿区をはじめ、京都市などいくつかの自治体では、住宅宿泊事業の届出の前に、以下のような一定の範囲に住む近隣住民に対しての事業開始に関する説明義務を課していることがあります。

その場合、これらの自治体が定める様式に従って説明結果の報告が求められます。

① 届出住宅の外壁から20mの範囲に入る建物

② 住宅建物の敷地が道路等に接する場合、この敷地と道路等との境界線からの水平距離が10mの範囲内にある土地に存する建物（外壁間の水平距離が20mを超えるものを除く）

宿泊者の安全の確保を図るために必要な措置に関するチェックリスト（参考、106ページ）

以下のフローチャートの結果によっては、さまざまな設備設置義務などが課されますが、多くの自治体でこれらの該当有無をチェックリストの提出によって確認しています。

詳しくは国土交通省発行の「民泊の安全措置の手引き」(https://www.mlit.go.jp/kankocho/minpaku/content/001368071.pdf)を参照しましょう。

なお、本書では多くの自治体で採用されている国土交通省のチェックリストを例にしています。

■民泊の安全措置フローチャート

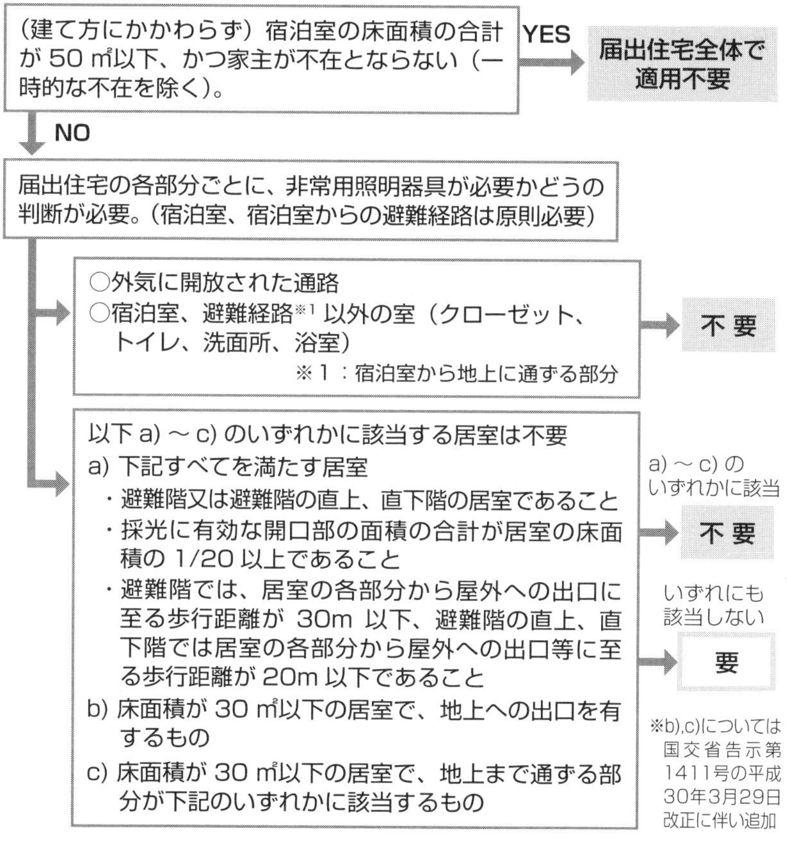

書式１　住宅宿泊事業届出書

第一号様式（第四条関係）　　（A４）

住宅宿泊事業届出書

（第一面）

住宅宿泊事業法第３条第１項の規定により、住宅宿泊事業の届出をします。
この届出書及び添付書類の記載事項は、事実に相違ありません。

〇〇年〇〇月〇〇日

東京都知事 殿

届出者　商号又は名称
氏　　　　名　　宅間　ひろし
（法人である場合においては、代表者の氏名）
電話番号　03-0000-0000
ファクシミリ番号　03-0000-0000

受付番号	受付年月日
※	※

※	届出番号	第　　　号
※	届出年月日	年　　月　　日

◎　商号、名称又は氏名、住所及び連絡先

法人番号	
フリガナ	タクマ　ヒロシ
商号、名称又は氏名	宅間　ひろし
郵便番号	160－0000
住所	東京都新宿区〇〇町〇－〇－〇
電話番号又は電子メールアドレス	03－0000－0000

法人・個人の別
2　1．法人
2．個人

確認欄
※

◎　代表者又は個人に関する事項

フリガナ	タクマ　ヒロシ
氏名	宅間　ひろし
生年月日	H－01年01月10日
性別	☑ 男性　☐ 女性

確認欄
※

（第二面）

受付番号

※

該当なし

◎　法定代理人に関する事項

フ リ ガ ナ	
商号、名称 又は氏名	
郵便番号	－
住所	
生年月日	－　年　月　日
性別	□ 男性 □ 女性

法人・個人の別

□ 1．法人

2．個人

確認欄 ※

◎　法定代理人の代表者に関する事項（法人である場合）

フ リ ガ ナ	
氏名	
生年月日	－　年　月　日
性別	□ 男性 □ 女性

確認欄 ※

◎　法定代理人の役員に関する事項（法人である場合）

フ リ ガ ナ	
氏名	
生年月日	－　年　月　日
性別	□ 男性 □ 女性

確認欄 ※

フ リ ガ ナ	
氏名	
生年月日	－　年　月　日
性別	□ 男性 □ 女性

確認欄 ※

フ リ ガ ナ	
氏名	
生年月日	－　年　月　日
性別	□ 男性 □ 女性

確認欄 ※

フ リ ガ ナ	
氏名	
生年月日	－　年　月　日
性別	男性 □ 女性 □

確認欄 ※

（第三面）

受付番号

※

該当なし

◎ 役員に関する事項 法人である場合）

フ リ ガ ナ		確認欄 ※
氏 名		
生 年 月 日	― 年 月 日	
性 別	□ 男性 □ 女性	

フ リ ガ ナ		確認欄 ※
氏 名		
生 年 月 日	― 年 月 日	
性 別	□ 男性 □ 女性	

フ リ ガ ナ		確認欄 ※
氏 名		
生 年 月 日	― 年 月 日	
性 別	□ 男性 □ 女性	

フ リ ガ ナ		確認欄 ※
氏 名		
生 年 月 日	― 年 月 日	
性 別	□ 男性 □ 女性	

フ リ ガ ナ		確認欄 ※
氏 名		
生 年 月 日	― 年 月 日	
性 別	□ 男性 □ 女性	

フ リ ガ ナ		確認欄 ※
氏 名		
生 年 月 日	― 年 月 日	
性 別	□ 男性 □ 女性	

（第四面）

受付番号

※

◎　住宅宿泊管理業に関する事項（住宅宿泊管理業者である場合）

登録年月日	－　年　月　日
登録番号	

確認欄 ※

◎　住宅に関する事項

郵便番号	160－0000		
所在地	東京都新宿区○○町○－○－○		
不動産番号	0000000000000		
第2条各号に掲げる家屋の別	□ 現に人の生活の本拠として使用されている家屋	☑ 入居者の募集が行われている家屋	□ 随時その所有者、賃借人又は転借人の居住の用に供されている家屋
住宅の建て方	☑ 一戸建ての住宅 □ 長屋 □ 共同住宅 □ 寄宿舎		

住宅の規模			
居室	63.04㎡		
	宿泊室	宿泊者の使用に供する部分（宿泊室を除く）	合計
1階	19.86㎡	72.84㎡	92.70㎡
階	㎡	㎡	㎡
階	㎡	㎡	㎡
合計	19.86㎡	72.84㎡	92.70㎡

確認欄 ※

◎　営業所又は事務所に関する事項（営業所又は事務所を設ける場合）

営業所又は事務所の名称	
郵便番号	－
所在地	
電話番号	

確認欄 ※

営業所又は事務所の名称	
郵便番号	－
所在地	
電話番号	

確認欄 ※

営業所又は事務所の名称	
郵便番号	－
所在地	
電話番号	

確認欄 ※

（第五面）

受付番号

※					

◎　住宅宿泊管理業務の委託に関する事項（住宅宿泊管理業務を委託する場合）

住宅宿泊管理業者	フリガナ	コウノフト゛ウサン
	商号、名称又は氏名	株式会社甲野不動産
	登録年月日	〇－〇〇年〇〇月〇〇日
	登録番号	〇〇〇〇〇〇〇〇〇〇〇〇〇
	管理受託契約の内容	別紙の管理受託契約の写しのとおり

確認欄 ※

◎　その他の事項

☐ 住宅に人を宿泊させる間、不在（法第11条第１項第２号の国土交通省令・厚生労働省令で定めるものを除く。）とならない	
☑ 賃借人に該当する	☑ 賃貸人が住宅宿泊事業の用に供することを目的とした賃借物の転貸を承諾している
☐ 賃借人に該当しない	
☐ 転借人に該当する	☐ 賃貸人及び転貸人が住宅宿泊事業の用に供することを目的とした転借物の転貸を承諾している
☐ 転借人に該当しない	
☐ 住宅がある建物が、二以上の区分所有者が存する建物で人の居住の用に供する専有部分のあるものに該当する	☐ 規約に住宅宿泊事業を営むことを禁止する旨の定めがない（当該規約に住宅宿泊事業についての定めがない場合は、管理組合に届出住宅において住宅宿泊事業を営むことを禁止する意思がない旨を含む。）
☑ 住宅がある建物が、二以上の区分所有者が存する建物で人の居住の用に供する専有部分のあるものに該当しない	

確認欄 ※

書式 2　住宅の図面

住宅の図面

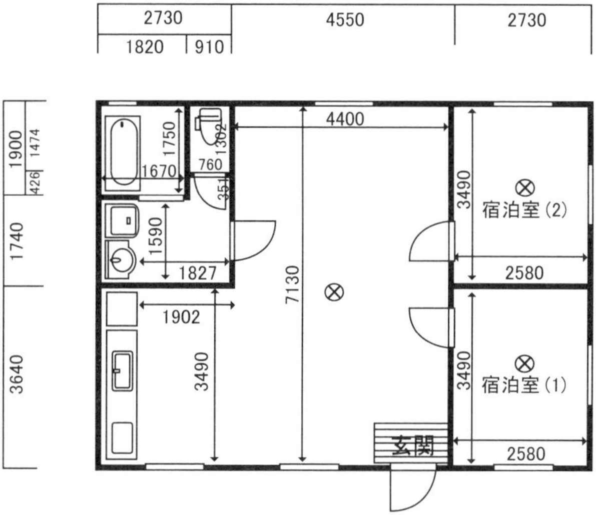

居室の床面積　63.04 ㎡（内のり）

宿泊室（1）	2.58 × 3.49 = 9.00 ㎡
宿泊室（2）	2.58 × 3.49 = 9.00 ㎡
リビング	(4.4 × 7.13)＋(1.902 × 3.49) = 38.00 ㎡
脱衣所	(1.827 × 1.59)＋(0.7＋0.351) = 3.14 ㎡
便所	0.76 × 1.302 = 0.98 ㎡
浴室	1.67 × 1.75 = 2.92 ㎡

※家主居住型（宿泊室（1）提供）の場合は以下の通り

居室の床面積　9.00 ㎡（内のり）
宿泊室（1）　2.58 × 3.49 = 9.00 ㎡

宿泊室の床面積 9.93 ㎡（壁芯）
宿泊室（1）　2.73 × 3.64 = 9.93 ㎡

宿泊者の使用に供する部分の面積　72.84 ㎡（壁芯）

宿泊室（1）	2.73 × 3.64 = 9.93 ㎡
宿泊室（2）	2.73 × 3.64 = 9.93 ㎡
リビング	(4.55 × 7.28)＋(3.64 × 2.73) = 43.06 ㎡
洗面所	(2.73 × 1.74)＋(0.91＋0.426) = 5.13 ㎡
便所	0.91 × 1.474 = 1.34 ㎡
浴室	1.82 × 1.9 = 3.45 ㎡

宿泊室の床面積　19.86 ㎡（壁芯）

宿泊室（1）	2.73 × 3.64 = 9.93 ㎡
宿泊室（2）	2.73 × 3.64 = 9.93 ㎡

書式３　賃貸人が承諾したことを証する書類

使　用　承　諾　書

私が所有する下記場所を、下記使用者が住宅宿泊事業法に基づく事業を行う営業所として使用することに承諾します。

記

1　　物件所在地

東京都足立区○○○町○ - ○ - ○

2　　使用者

東京都足立区○○○町○ - ○ - ○
古家　克代

○○○○　年　○○　月　○○　日

承 諾 者：

所在地　　東京都北区○○○町○ - ○ - ○
名　称　　大家　正夫

書式４　欠格事由に該当しない誓約書

様式Ｂ（国・厚規則第四条第四項第二号ハ関係）　　　　（Ａ４）

誓　約　書

（個人用）

届出者、法定代理人及び法定代理人の役員は、住宅宿泊事業法第４条第１号から第６号まで及び第８号のいずれにも該当しない者であることを誓約します。

○○○○ 年 ○月 ○ 日

氏　　　　名　　宅間　ひろし

［法定代理人
商号又は名称
氏　　　　名
（法人である場合においては、代表者の氏名）］

東京都知事　殿

様式A（国・厚規則第四条第四項第一号ワ関係）　（A４）

誓　約　書

（法人用）

届出者及び届出者の役員は、住宅宿泊事業法第４条第２号から第４号まで、第７号及び第８号のいずれにも該当しない者であることを誓約します。

○○○○ 年 ○ 月 ○ 日

商号又は名称　株式会社　住宿
代表者の氏名　代表取締役　住吉　活弘

東京都知事　殿

書式5　管理組合に禁止する意思がないことを確認した誓約書

様式C（国・厚規則第四条第四項第一号ル関係）　　　　　　　　　　　　　　　　　　　　　　（A 4）

誓　約　書

届出者は、管理組合に住宅宿泊事業の実施を報告し、下記のとおり届出時点で住宅宿泊事業を禁止する管理組合の意思がないことを確認しました。

○○○○年　○　月　○　日

東京都知事　殿

商号又は名称　株式会社　住宿
氏　　　　名　代表取締役　住吉 活弘
（法人である場合においては、代表者の氏名）

管理組合に報告した日		○○○○年　○月　○日
管理組合	管理組合名	○○マンション管理組合
	役職	理事長
	氏名	菅野　守
	連絡先	（　03　-　○○○○　-　○○○○　）
当該マンションにおける住宅宿泊事業に関する決議		①無　2．有
		【2．有】の場合はその決議の内容

① 「当該マンションにおける住宅宿泊事業に関する決議」欄は、該当するものの番号を○で囲むこと。
② 報告する相手方は管理組合の役員であること（理事長等）。
③ 管理組合の連絡先は、管理組合が管理業務を委託している管理会社でも可とする。

書式6　住宅宿泊事業に伴う廃棄物に関する確認書

住宅宿泊事業に伴う廃棄物に関する確認書

● 住宅宿泊事業の届出を行おうとする方（相談者）が記載してください。

届出予定住宅の所在地・名称等	新宿区 ○○町○丁目○番○号	
住宅宿泊事業者（住宅宿泊管理業者）の氏名・連絡先	（法人の場合は、商号、名称又は氏名及び連絡先） 株式会社　甲野不動産 03－○○○○－○○○○	
届出予定住宅の状況	家主居住型・家主非居住型	
廃棄物処理等の確認内容	一般廃棄物の処理（収集・運搬）	許可業者名 乙野クリーンサービス株式会社 番号　03－○○○○－○○○○
	産業廃棄物の処理（収集・運搬）	許可業者名 乙野クリーンサービス株式会社 番号　03－○○○○－○○○○
	産業廃棄物の処理（中間処理/処分）	許可業者名
	資源物の処理	品目・回収業者名
※区役所記入欄 確　認　印	排出場所及び周辺の略図等  	

書式7　説明実施報告書

○○○○ 年 ○ 月 ○ 日

新宿区 長 宛て

住所　東京都新宿区
　　　○○町○丁目○番○号

氏名　宅間　ひろし

電話　03（○○○○）○○○○

説明実施報告書（開始）

新宿区住宅宿泊事業の適正な運営の確保に関する条例第 7 条第 1 項の規定による 説明を行ったので、同条第 2 項の規定により 下記のとおり報告します。

記

1　住宅の所在地　　新宿区○○町○丁目○番○号

2　周辺地域の住民に対する 説明を行った日

3　説明の方法（複数により実施した場合はその全て○）

(1) 各戸配布　(2) 掲示　(3) 郵送　(4) その他（　）

4　住宅宿泊事業開始予定年月日

○○○○年○月○日

【添付書類】

(1) 説明で使用した書面の写し

(2) 説明の対象となる住民範囲を示す書類

(3) 周辺地域の住民から意見が寄せれた場合にはその内容が分かる書類

参考　宿泊者の安全の確保を図るために必要な措置に関するチェックリスト

住宅宿泊事業法の安全措置に関するチェックリスト

安全の措置に関するチェックリスト

届出住宅の条件等	建て方について	規模等について	A-1	A-2	B-1	B-2
	A）一戸建ての住宅、長屋	1）家主同居※1で宿泊室の床面積が50㎡以下	□			
		2）上記以外		□		
	B）共同住宅、寄宿舎	1）家主同居※1で宿泊室の床面積が50㎡以下			□	
		2）上記以外				□
上記の条件による分類に応じて、下記の安全措置（①～⑦）をチェック						
安全の措置	告示第一（非常用照明器具）					
	①	非常用照明器具が設置されている		□		□
	告示第二第一号（防火の区画等）					
	②	複数グループが複数の宿泊室に宿泊しない		□		□
		複数グループが複数の宿泊室に宿泊する場合、防火の区画又は警報設備等が設置されている		□		□
	告示第二第二号イ					
	③	2階以上の各階における宿泊室の床面積の合計が100㎡以下	□	□		
		上記以外の場合で、当該階から避難階又は地上に通ずる2以上の直通階段を設けている	□	□		
	告示第二第二号ロ					
	④	宿泊者使用部分の床面積の合計が200㎡未満	□	□		
		上記以外の場合で、届出住宅が主要構造部を耐火構造又は準耐火構造等とした建築物である	□	□		
		上記以外の場合で、宿泊者使用部分の居室及び当該居室から地上に通ずる部分の内装仕上げが、建築基準法施行令第128条の5第1項に規定されているとおりに不燃化されている	□	□		
	告示第二第二号ハ					
	⑤	各階における宿泊者使用部分の床面積の合計が200㎡（地下の階にあっては100㎡）以下	□	□		
		上記以外の場合で、3室以下の専用の廊下である（対象階:　　　　）	□	□		
		上記以外の場合で、階の廊下（3室以下の専用のものを除く。）の幅が、両側に居室がある廊下にあっては1.6m以上、その他の廊下にあっては1.2m以上である（対象階:　　　　）	□	□		
	告示第二第二号ニ					
	⑥	2階における宿泊者使用部分の床面積の合計が300㎡未満	□	□		
		上記以外の場合で、届出住宅が耐火建築物又は準耐火建築物である	□	□		
	告示第二第二号ホ					
	⑦	（1）宿泊者使用部分が3階以上の階に設けられていない	□	□		
		（2）延べ面積が200㎡未満で宿泊者利用部分が3階に設けられている場合で、警報設備を設け、竪穴部分と竪穴部分以外の部分とを間仕切り壁等で区画している	□	□		
		上記（1）（2）以外の場合で、届出住宅が耐火建築物である	□	□		

※1　届出住宅に家主が居住しており、不在（法第11条第1項第2号の一時的なものは除く。）とならない場合

6 住宅宿泊管理業の必要書類の書き方について知っておこう

財産的基礎や体制などを示す必要がある

◉ どんな書類を作成するのか

ここでも、引き続き宅間ひろしと住宅宿泊管理契約を締結することになる甲野不動産が住宅宿泊管理業登録を行った際の場面を中心に書式の書き方を説明します。

住宅宿泊管理業者登録申請書　第一面　（書式8　113ページ）

① 登録申請者が法人の場合は商号と代表者名、電話番号を記入します。個人の場合は屋号と個人名となります。登録申請者が未成年者である場合においては、法定代理人の同意書を添付する必要があります。

② 「申請時の登録番号」の欄は、更新の場合のみ記入します。

③ 新規の場合は「1」を、更新の場合は「2」を記入します。

④ 法人番号は、登録申請者が法人である場合にのみ記入します。法人番号とは、国税庁から指定・通知される13桁の番号で商業登記簿の会社法人等番号12桁の左側に1桁を付加したものになります。

⑤ 法人の場合、「フリガナ」の欄は、カタカナで上段から左詰めで記入し、その際、濁点と半濁点は1文字とします（カブシキガイシャなど会社の種類は不要です）。「商号、名称又は氏名」の欄も、上段から左詰めで記入します。

個人の場合は、「フリガナ」の欄は、カタカナで、姓と名の間に1文字分空けて左詰めで記入します。「商号、名称又は氏名」の欄も姓と名の間に1文字分空けて左詰めで記入します。

⑥　「丁目」「番」「号」をそれぞれ－（ダッシュ）で区切り、上段から左詰めで記入します。第四面（書式８）の「営業所又は事務所の別」の欄で「１ 主たる営業所又は事務所」を選択する営業所または事務所には、第一面に記入した郵便番号及び住所を記入します。

⑦　法人の場合は「１」、個人の場合は「２」を記入します。

⑧　法人の場合、代表者について、個人の場合は個人について「氏名」「生年月日」「性別」を記入します。生年月日の元号は大正「T」、昭和「S」、平成「H」とローマ字頭文字の記入になりますので、元号が変わってもこれにならいます。

住宅宿泊管理業者登録申請書　第二面　（書式8　114ページ）

第二面は、申請者が未成年者や成年被後見人である場合、法定代理人（法定代理人が個人の場合）や、法定代理人の代表者に関する事項（法定代理人が法人である場合）、法定代理人の役員に関する事項（法定代理人が法人である場合）などについて第一面の記入方法に合わせて記入します。

申請者が未成年者や成年被後見人でない場合、書式の余白部分に「該当なし」と記入します。

住宅宿泊管理業者登録申請書　第三面　（書式8　115ページ）

第三面は、申請者が法人の場合に第一面で記入した代表者以外の役員について第一面の記入方法に合わせて記入します。代表者以外に役員がいない場合は書式の余白部分に「該当なし」と記入します。

住宅宿泊管理業者登録申請書　第四面　（書式8　116ページ）

第四面は、住宅宿泊管理業を営む営業所や事務所についてのみ記入します。たくさんあり、書ききれない場合は、同じ書式を複数用いてすべて記入します。

①　主たる営業所または事務所の場合は「１」、従たる営業所ま

たは事務所の場合は「２」を記入します。

② 主たる営業所または事務所の場合「本店」、従たる営業所または事務所の場合、支店名を記入します。商号は記載不要です。

③ 「丁目」「番」と「号」をそれぞれ－（ダッシュ）で区切り、上段から左詰めで記入します。「営業所又は事務所の別」の欄で「１．主たる営業所又は事務所」を選択する場合、第一面に記入した郵便番号と住所を記入します。

④ 市外局番、市内局番、番号をそれぞれ－（ダッシュ）で区切り、左詰めで記入します。

住宅宿泊管理業者登録申請書　第五面（書式８　117ページ）

第五面は、宅地建物取引業の免許、マンション管理業者の登録、賃貸住宅管理業者の登録を受けている場合に記入します。

「免許等の年月日」の欄は、免許の有効期間の開始日ではなく、免許を与えられた年月日（免許の有効期間の開始日の前日）を記入します。

住宅宿泊管理業者登録申請書　第六面（書式８　118ページ）

第六面は登録手数料に関する登録免許税納付書、領収証書、収入印紙や証紙の貼付欄です。登録申請手数料は新規の場合、90,000円（登録免許税の納付）更新の場合は19,700円（収入印紙等で納付）となります。

略歴書　第二号様式（書式９　119ページ）

略歴書は申請者本人や役員、相談役、顧問などすべての者について作成が必要です。本事例のように宅地建物取引業者が登録する場合は省略できますが、参考までに記載例として掲載します。

① 申請者（法人の場合は役員）の「住所」「氏名」「生年月日」「職名」を記入します。職名が「取締役」など、法人の役員になる場合、「常勤」「非常勤」の記載も必要です。

② 現在に至るまでの職歴を記載します。住宅の取引または管理

に関する契約実務を伴う職歴はなるべく詳細に記載します。
③　この略歴書を作成した年月日と本人の氏名を記入します。

添付書類　第三号様式（第一面）（書式10　120ページ）

この書式は、登録申請者が法人である場合で相談役や顧問がいる場合のみ記入します。該当がない場合は書式の余白部分に「該当なし」と記入します。なお、本事例のように宅地建物取引業者が登録する場合は省略できますが、参考までに記載例として掲載しておきます（第二面も同じ）。

添付書類　第三号様式（第二面）（書式10　121ページ）

この書式は、登録申請者が法人である場合で5/100以上の株式を有する株主や5/100以上の額に相当する出資をしている者について記入します。該当がない場合は書式の余白部分に「該当なし」と記入します。

誓約書　第四号様式（書式11　122ページ）

この書式は、申請者等が住宅宿泊事業法に定められる欠格要件（73ページ）に該当しないことを示すために作成します。作成日、商号、代表者氏名を記入します。

誓約書　第六号様式（書式12　123ページ）

誓約書について、個人の場合はこちらの書式を使用します。住所地と屋号（名称）本人の氏名を記入します。法定代理人がいる場合は、その旨記入します。

財産に関する調書　第五号様式（書式13　124ページ）

この書式は、登録申請者が個人である場合のみ作成するもので、法人の損益計算書、貸借対照表の代わりに提出するものです。すべて時価で記入します。なお、権利とは営業権、地上権、電話加入権その他の無形固定資産をいいます。

事業経歴書・職務経歴書（書式14　125～126ページ）

74ページの「管理業務執行が法令に適合するかの判断」におい

て「住宅の取引や管理に関する実務（事業）経験（実績）が２年以上」を要件として登録を行う場合に必要な書類となります。

事業経歴書は、登録申請者が行った住宅の取引や管理に関する契約実務を伴う事業について列挙し、事業経験年数の通算を記入します。通算で２年以上なければ、登録することはできません。

職務経歴書、個人としての経験（実績）を示すもので、事業経歴書同様、住宅の取引や管理に関する契約実務を伴う事業経験が通算で２年以上必要ですが、この書類の証明者は登録申請者ではなく、実務の経験をした会社等の代表者（第三者による証明）であることに注意が必要です。

人員体制図（書式15　127ページ）

住宅宿泊管理業務を適切に実施するための必要な体制が整備されていることを自分なりに説明する書類で、決まった様式があるわけではありません。

記載例より、もっと理路整然とした表現をする場合は、時間や曜日ごとに細かく区分した表などを用いたシフト表のようなものを作成するなどの工夫も考えられます。いずれにしても従業者が苦情等対応で現地に行く暇がない場合であっても、別の苦情に応答可能であるような体制（たとえば再委託など）を常時確保する必要があります。

再委託先に求める人員体制の要件（書式16　128ページ）

住宅宿泊管理業務を適切に実施するための必要な体制の中に再委託先を利用することが記載されている場合などに、住宅宿泊事業法で義務化されている以下のいずれの業務を再委託先に委託するのかなどを説明する書類です。人員体制図同様、決まった様式があるわけではありません。

[本書面で示す業務内容と住宅宿泊事業法の条文]

・法第５条に規定する宿泊者の衛生の確保に関する業務

・法第６条に規定する宿泊者の安全の確保に関する業務
・法第７条に規定する外国人観光旅客である宿泊者の快適性及び利便性の確保に関する業務
・法第８条に規定する宿泊者名簿の備付け等に関する業務
・法第９条に規定する周辺地域の生活環境への悪影響の防止に関し必要な事項の説明に関する業務
・法第10条に規定する苦情等への対応に関する業務

再委託先は住宅宿泊管理業者である必要はありませんが、委託先の住宅宿泊管理業務の実施について委託者がすべて責任を負うことになりますので、それぞれの業務を適正に遂行できる事業者をしっかり見極めて再委託する必要があります。

当然のことですが、住宅宿泊事業者から委託を受けた住宅宿泊管理業務のすべてを再委託することはできません。あくまで住宅宿泊管理業務の一部を再委託することになります。

使用する機器の詳細を記載した書面（書式17　129ページ）

テレビ電話やタブレット端末などによるゲストの滞在確認や騒音センサーによる管理などを行うことで、人員体制の要件を緩和することをめざす場合は、使用する機器の詳細や具体的な方法を明らかにする必要があります。

この書類も決まった様式があるわけではありませんが、前文として「法第７条の措置」に関するものか、「法第８条の規定による宿泊者名簿の正確な記載を確保するための措置」に関するものか、その他、「法第９条の説明」や「法第10条の規定による苦情や問い合わせへの応答」なのかなど、しっかり記載しておくことが望ましいといえます。また、場合によっては使用する機器の仕様を記載したり、パンフレットなどを添付することも検討します。

書式８　住宅宿泊管理業者登録申請書

第一号様式（第五条関係）　　　　（Ａ４）

住宅宿泊管理業者登録申請書

（第一面）

住宅宿泊事業法第23条第１項の規定により、住宅宿泊管理業者の登録の申請をします。
この申請書及び添付書類の記載事項は、事実に相違ありません。

〇〇 年 〇月 〇日

関東 地方整備局長 殿

登録申請者　商号又は名称　株式会社 甲野不動産
氏　　　　名　代表取締役　甲野 一郎
（法人である場合においては、代表者の氏名）
電話番号　03－〇〇〇〇－〇〇〇〇
ファクシミリ番号　03－〇〇〇〇－〇〇〇〇

受付番号	受付年月日	申請時の登録番号
※	※	（　　）

登録の種類　1　　1．新規　2．更新

（有効期間：　年　月　日～　年　月　日）

※	登録番号	国土交通大臣登録（　　）　第　　　号
※	登録年月日	年　月　日
※	有効期間	年　月　日から 年　月　日まで

項番　◎ 商号、名称又は氏名及び住所

11

法人番号	1234567890１2
フリガナ	コウノフドﾞウサン
商号、名称又は氏名	株式会社甲野不動産
郵便番号	156－0057
住所	東京都世田谷区上北沢〇－〇－〇

法人・個人の別　1　1．法人　2．個人

確認欄 ※

◎ 代表者又は個人に関する事項

12

フリガナ	コウノ　イチロウ
氏名	甲野　一郎
生年月日	S－〇〇年〇〇月〇〇日
性別	☑ 男性　☐ 女性

確認欄 ※

（第二面）

受付番号 ※

申請時の登録番号 （　　）

該当なし

項番

13

◎ 法定代理人に関する事項

フリガナ	
商号、名称又は氏名	
郵便番号	－
住所	
性別	□ 男性 □ 女性

法人・個人の別

□ 1．法人

2．個人

確認欄 ※

◎ 法定代理人の代表者に関する事項 法人である場合）

14

フリガナ	
氏名	
生年月日	－ 年 月 日
性別	□ 男性 □ 女性

確認欄 ※

◎ 法定代理人の役員に関する事項 法人である場合）

15

フリガナ	
氏名	
生年月日	－ 年 月 日
性別	□ 男性 □ 女性

確認欄 ※

15

フリガナ	
氏名	
生年月日	－ 年 月 日
性別	□ 男性 □ 女性

確認欄 ※

15

フリガナ	
氏名	
生年月日	－ 年 月 日
性別	□ 男性 □ 女性

確認欄 ※

15

フリガナ	
氏名	
生年月日	－ 年 月 日
性別	□ 男性 □ 女性

確認欄 ※

（第三面）

受付番号 ※

申請時の登録番号 （　　）

項番 ◎ 役員に関する事項 法人である場合）

項番			確認欄
21	フリガナ	サトウ シ゛ロウ	※
	氏名	佐藤 二郎	
	生年月日	S－△△年△△月△△日	
	性別	☑ 男性 □ 女性	

項番			確認欄
21	フリガナ	スス゛キ ミカ	※
	氏名	鈴木 三佳	
	生年月日	S－□□年□□月□□日	
	性別	□ 男性 ☑ 女性	

項番			確認欄
21	フリガナ	タナカ ミヨコ	※
	氏名	田中 美四子	
	生年月日	S－××年××月××日	
	性別	□ 男性 ☑ 女性	

項番			確認欄
21	フリガナ		※
	氏名		
	生年月日	－　年　月　日	
	性別	□ 男性 □ 女性	

項番			確認欄
21	フリガナ		※
	氏名		
	生年月日	－　年　月　日	
	性別	□ 男性 □ 女性	

項番			確認欄
21	フリガナ		※
	氏名		
	生年月日	－　年　月　日	
	性別	□ 男性 □ 女性	

（第四面）

受付番号 ※

申請時の登録番号 （　　）

項番　◎ 営業所又は事務所に関する事項

30

営業所又は事務所の別	1	1. 主たる営業所又は事務所　2. 従たる営業所又は事務所
営業所又は事務所の名称	本店	
郵便番号	156－0057	
所在地	東京都世田谷区上北沢○－○－○	
電話番号	03－0000－0000	

確認欄 ※

30

営業所又は事務所の別	2	1. 主たる営業所又は事務所　2. 従たる営業所又は事務所
営業所又は事務所の名称	千代田営業所	
郵便番号	102－8688	
所在地	東京都千代田区○○○○－○－○	
電話番号	03－0000－0000	

確認欄 ※

30

営業所又は事務所の別		1. 主たる営業所又は事務所　2. 従たる営業所又は事務所
営業所又は事務所の名称		
郵便番号	－	
所在地		
電話番号		

確認欄 ※

30

営業所又は事務所の別		1. 主たる営業所又は事務所　2. 従たる営業所又は事務所
営業所又は事務所の名称		
郵便番号	－	
所在地		
電話番号		

確認欄 ※

（第五面）

受付番号　※

申請時の登録番号　（　　）

項番　31

◎ 既に有している免許又は登録

業の種類	免許等の番号	免許等の年月日
宅地建物取引業法第３条第１項の免許	東京都知事(02)第00000号	平成23年4月1日
マンションの管理の適正化の推進に関する法律第４４条第１項の登録		
国土交通大臣の登録を受けている賃貸住宅管理業者		

（第六面）

登録免許税納付書・領収証書、収入印紙又は証紙はり付け欄

（消印してはならない。）

書式９　略歴書

第二号様式（第六条関係）

（Ａ４）

略　歴　書

住　所	東京都○○区○○町○○丁目○番○号		
（フリガナ） 氏　名	甲《コウ》野《ノ》　一郎《イチロウ》	生年月日	昭和○○年○月○日
職　名	代表取締役		
職　歴	期　間	従事した職務の内容	
	自 ○○年○月○日 至 △△年△月△日	○○住販株式会社で営業課に従事	
	自 △△年△月△日 至 □□年□月□日	株式会社△△不動産で総務部に従事	
	自 □□年□月□日 至 ××年×月×日	株式会社甲野不動産設立 代表取締役に就任	
	自　年　月　日 至　年　月　日	専任の取引主任者に就任	
	自　年　月　日 至　年　月　日	現在に至る	
	自　年　月　日 至　年　月　日		
	自　年　月　日 至　年　月　日		
	自　年　月　日 至　年　月　日		
	自　年　月　日 至　年　月　日		
	自　年　月　日 至　年　月　日		

上記のとおり相違ありません。

○○年○月○日

氏　名　　甲野　一郎

書式10 添付書類

第三号様式（第六条関係）

添　付　書　類

該当なし

（第一面）

相談役及び顧問（法人の場合）

受付番号 ※

申請時の登録番号 （　　）

41

就任年月日	—　年　月　日
フリガナ	
氏名	
生年月日	—　年　月　日
性別	□ 男性　□ 女性
住所	

確認欄 ※

41

就任年月日	—　年　月　日
フリガナ	
氏名	
生年月日	—　年　月　日
性別	□ 男性　□ 女性
住所	

確認欄 ※

41

就任年月日	—　年　月　日
フリガナ	
氏名	
生年月日	—　年　月　日
性別	□ 男性　□ 女性
住所	

確認欄 ※

41

就任年月日	—　年　月　日
フリガナ	
氏名	
生年月日	—　年　月　日
性別	□ 男性　□ 女性
住所	

確認欄 ※

（第二面）

100分の５以上の株式を有する株主又は100分の５以上の額に相当する出資をしている者（法人の場合）

受付番号 ※

申請時の登録番号 （　　）

42

フリガナ	コウノ　ウメ		
氏名又は名称	甲野　うめ		
生年月日	S－○年○月○○日		
性別	□ 男性　☑ 女性		
保有株式の数（出資金額）	30 株（円）	割合	30 %
郵便番号	102－8688		
住所又は所在地	東京都千代田区○○○○○－○－○		

確認欄 ※

42

フリガナ			
氏名又は名称			
生年月日	－　年　月　日		
性別	□ 男性　□ 女性		
保有株式の数（出資金額）	株（円）	割合	%
郵便番号	－		
住所又は所在地			

確認欄 ※

42

フリガナ			
氏名又は名称			
生年月日	－　年　月　日		
性別	□ 男性　□ 女性		
保有株式の数（出資金額）	株（円）	割合	%
郵便番号	－		
住所又は所在地			

確認欄 ※

42

フリガナ			
氏名又は名称			
生年月日	－　年　月　日		
性別	□ 男性　□ 女性		
保有株式の数（出資金額）	株（円）	割合	%
郵便番号	－		
住所又は所在地			

確認欄 ※

書式11 誓約書

（A 4）

第四号様式（第六条関係）

誓　約　書

（法人用）

登録申請者及び登録申請者の役員は、住宅宿泊事業法第 25 条第 1 項第 2 号から第 4 号まで、第 6 号及び第 8 号から第 11 号までのいずれにも該当しない者であることを誓約します。

○○ 年 ○月 ○日

商号又は名称　株式会社 甲野不動産
代表者の氏名　代表取締役 甲野　一郎

関東 地方整備局長
~~北海道開発局長~~
殿

書式12 誓約書

（Ａ４）

第六号様式（第六条関係）

誓　約　書

（個人用）

登録申請者、法定代理人及び法定代理人の役員は、住宅宿泊事業法第25条第１項第１号から第７号まで及び第９号から第11号までのいずれにも該当しない者であることを誓約します。

○○　年○月○日

氏　　　　　名　　　甲野　一郎

法　定　代　理　人

商　号　又　は　名　称

氏　　　　　名

（法人である場合においては、代表者の氏名）

関東 地方整備局長

~~北海道開発局長~~　殿

書式13 財産に関する調書

（A 4）

第五号様式（第六条及び第二十八条関係）

財産に関する調書

◯◯ 年 ◯月 ◯ 日現在

資　　産	価　　格	摘　　要
資　　産		
現　金　預　金	5,000,000	
有　価　証　券	0	
未　収　入　金	0	
土　　　地	20,000,000	
建　　　物	7,000,000	
備　　　品	4,000,000	
権　　　利	800,000	
そ　の　他	0	
計	36,800,000	
負　　債		
借　入　金	2,000,000	
未　払　金	0	
預　り　金	0	
前　受　金	0	
そ　の　他	0	
計	2,000,000	

備　考

①この調書は、登録申請者が個人である場合のみ、記入すること。

②「権利」とは、営業権、地上権、電話加入権その他の無形固定資産をいう。

書式14　事業経歴書・職務経歴書

（A 4）

事業経歴書

期　間	事業経歴年数	事　業　の　内　容
自R2年12月 至R4年 2 月	満 2 年 1 月	住宅の管理に関する事業（契約実務を伴う業務を含む）
自R4年 2 月 至R5年 5 月	満 1 年 2 月	住宅の管理に関する事業（契約実務を伴う業務を含む）
自　　年　　月 至　　年　　月	満　　年　　月	
自　　年　　月 至　　年　　月	満　　年　　月	
自　　年　　月 至　　年　　月	満　　年　　月	
自　　年　　月 至　　年　　月	満　　年　　月	
自　　年　　月 至　　年　　月	満　　年　　月	
小　　計 （累　　計）	満 3 年 3 月 （満 3 年 3 月）	

上記のとおり、事業の経歴を有することに相違ありません。

〇〇 年〇〇 月〇〇日

東京都渋谷区〇〇町〇-〇-〇

株式会社　丙野不動産

登録申請者　代表取締役　丙野　左之助

備考

「事業の内容」の欄は、登録申請者が行った住宅の取引又は管理に関する契約実務を伴う事業について全て記載すること。

「小計」の欄は、「事業経歴年数」の欄に記載した年数を月単位で通算して記載すること。

複数枚に及ぶ場合は頁毎に累計を記載すること。

（A４）

実務経験者職務経歴書

氏名	丁野　弥彦

期間	実務経験年数	業務の内容
自R２年４月 至R３年５月	満１年２月	住宅の管理委託契約に関する業務(依頼者との調整業務、契約に関する事項の説明業務、契約書面の作成及び交付業務を含む)
自R３年５月 至R５年５月	満１年11月	住宅の管理委託契約に関する業務(依頼者との調整業務、契約に関する事項の説明業務、契約書面の作成及び交付業務を含む)
自　年　月 至　年　月	満　年　月	
自　年　月 至　年　月	満　年　月	
自　年　月 至　年　月	満　年　月	
自　年　月 至　年　月	満　年　月	
自　年　月 至　年　月	満　年　月	
小計 (累計)	満３年１月 (満３年１月)	

上記の者は、上記のとおり実務の経験を有することに相違ないことを証明します。

〇〇 年 〇〇月〇〇日

東京都世田谷区上北沢〇 - 〇 - 〇

株式会社　甲野不動産

証明者　代表取締役　甲野 一郎

証明を得ることができない場合	その理由		証明者と被証明者との関係	

備考

「業務の内容」の欄は、本人が従事した住宅の取引又は管理に関する契約実務を伴う事務について全て記載すること。

「小計」の欄は、「実務経験年数」の欄に記載した年数を月単位で通算して記載すること。
ただし、期間が重複している場合でも実期間で通算すること。複数枚に及ぶ場合は頁毎に累計を記載すること。

同時期に２以上の業務を担当した場合には、従事した期間が重複することのないよう留意して記載すること。

証明者は実務の経験をした会社等の代表者とし、複数の会社等での経験を併せて実務経験とする場合は、それぞれの会社等ごとに作成し、それぞれの会社等の代表者が証明すること。

証明者証明を得ることができない場合とは、例えば、過去に従事していた会社で実務の経験があったが、現在当該会社が消滅している場合などが考えられる。単に現在従事している会社以外の実務の経験という理由では認められない。

書式15 人員体制図

苦情等対応における人員体制図

本店

0 時 ～ 8 時 ： 再委託先　丙野不動産のスタッフ３名で対応

8 時 ～ 17時 ： 自社（本店）スタッフ２名で対応

17 時 ～ 0 時 ： 再委託先　丙野不動産のスタッフ３名で対応

千代田営業所

0 時 ～ 8 時 ： 再委託先　丁野不動産のスタッフ２名で対応

8 時 ～ 17時 ： 自社（本店）スタッフ２名で対応

17 時 ～ 0 時 ： 再委託先　丁野不動産のスタッフ３名で対応

書式16　再委託先に求める人員体制の要件

再委託先に求める人員体制の要件

【再委託先の情報】

法第５条に規定する宿泊者の衛生の確保に関する業務

商号、名称又は氏名　：己野クリーンサービス株式会社
代表者氏名：己野　薫
主たる事務所所在地：東京都新宿区○○町○－○－○
届出住宅を担当する事務所：本店
届出住宅を担当する人数：２人
連絡先：03-0000-0000

法第10条に規定する苦情等への対応に関する業務

商号、名称又は氏名　：壬野マネージメント株式会社
代表者氏名：壬野　誠
主たる事務所所在地：東京都新宿区○○町○－○－○
届出住宅を担当する事務所：本店
届出住宅を担当する人数：３人
連絡先：03-0000-0000

書式17　使用する機器の詳細を記載した書面

使用する機器の詳細を記載した書面

法第８条の規定による宿泊者名簿の正確な記載を確保するための措置として、宿泊者の本人確認を以下 ICT 機器で行うこととしており、詳細の機能は以下のとおりです。

インターネット回線	光回線（1Gbps）	
	サービス名：○○光　超スピードタイプ	
端末	タブレット使用	
	製品名：T Pad 仕様：2コア 1.4GHz　2048×1536ピクセル　264ppi	
ＯＳ	T OS 11.1.2	
ヘッドセット	無し	製品名：―
マイク	内臓	製品名：○○マイク
音響機器	内臓	製品名：○○スピーカー
カメラ	外付け	製品名：FULL HD Webカメラ　C-800
	画素数	800万画素

7 住宅宿泊管理契約書について知っておこう

国土交通省が推奨する標準モデル契約書

◉ どんな内容なのか

この契約書のひな形は、国土交通省より「住宅宿泊管理標準契約書（案）」として公表されたもので、住宅宿泊管理業者が住宅宿泊事業者から住宅宿泊管理業務を受託する場合の管理受託契約書です。

管理業者は、管理業務の受託契約を締結したときは、委託者に対し、すぐに「管理業務の実施方法」や「契約期間」「報酬」などを記載した書面を交付しなければなりません。

標準契約書では、このような記載項目に加え、住宅宿泊事業法により住宅宿泊事業者や住宅宿泊管理業者に義務付けられた行為を実現できるようにモデルが記載されていますので、大変参考になります。

ただし、住宅宿泊管理に関する委託契約の内容は、地域特性や、物件の構造、事業に関わる業者の態様等によって契約内容が異なることに留意して、あくまで参考として活用ください。

◉ 住宅宿泊管理標準契約書のポイント

国土交通省推奨の「住宅宿泊管理標準契約書」を活用するには、以下のようなポイントがあります。

① 住宅宿泊管理業者は、管理業務の受託契約時に一定事項の説明や書面交付義務があります（77ページ）が、本契約書には、この必要事項も含まれるため、いずれの義務もクリアできます。

② 「対面」か「非対面」を記載します。非対面の場合は、具体

的な本人確認方法を追記するなど工夫が必要です。たとえば、テレビ電話やタブレット端末などによるICTを用いた方法（75ページ）などです。

③　ゲストへの説明方法について記載します。たとえば、必要な事項が記載された書面を居室に備え付ける、タブレット端末での表示により宿泊者が施設（住宅）に宿泊している間に確認できるようにするなどです。「○か国語」などの指定があってもよいでしょう。

④　別表第２「⑴届出住宅の日常清掃業務」にも関連しますが、施設（住宅）より生ずるゴミの回収に関連して「廃棄物収集運搬業許可取得業者」に委託する必要がありますので、しっかりと許可番号も記載する方が、後々のトラブルを防げると考えられます。

■ 管理受託契約の流れ

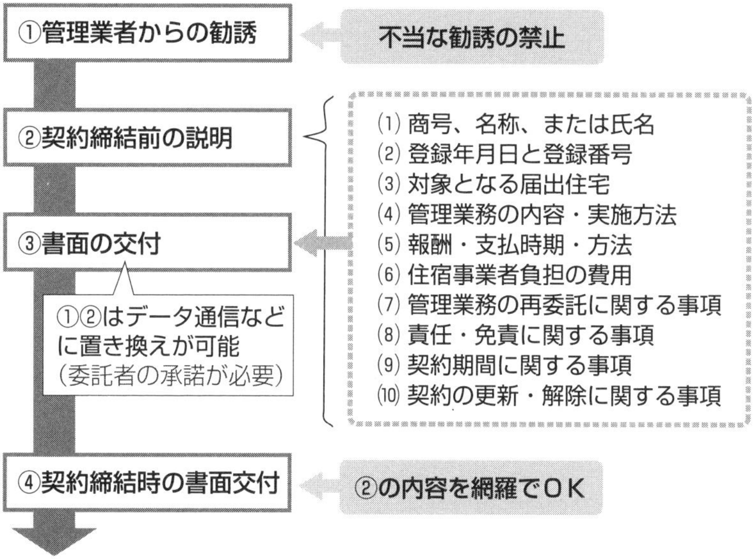

書式18 住宅宿泊管理標準契約書

住宅宿泊管理受託標準契約書（案）

頭書部分

（1）当事者の表示

甲 （住宅宿泊事業者）	氏　名	宅間 ひろし
	住　所	東京都新宿区○○町○－○－○
	連　絡　先	03－○○○○－○○○○
	届出番号	第　○○○○　号
	届出年月日	○○ 年 ○ 月 ○ 日
乙 （住宅宿泊管理業者）	商号（名称）	株式会社 甲野不動産
	代表者	甲野 一郎
	事務所所在地	東京都世田谷区上北沢○－○－○
	連絡先	03－○○○○－○○○○
	登録番号	国土交通大臣（○○）第　○○○○　号
	登録年月日	○○ 年 ○ 月 ○ 日

（2）契約期間

始期	○○ 年 ○ 月 ○ 日	終期	○○ 年 ○ 月 ○ 日	期間　○ 年 ○ 月

（3）届出住宅の表示

物件が所在する建物	名　称	
	所在地	東京都新宿区○○町△－△－△
管理物件	部屋番号	
	附属設備	

第１条（目的） この住宅宿泊管理受託契約（以下「本契約」という）は、住宅宿泊事業者が住宅宿泊管理業者に対して住宅宿泊管理業務を委託するに際して、住宅宿泊事業法（以下「法」という）及び関連法令に基づき住宅宿泊管理受託契約を締結するに当たり、当事者が契約の締結に際して定めるべき事項及び当事者が契約の履行に関して互いに遵守すべき事項を明らかにすることを目的とする。

第２条（定義） 本契約における用語の定義は、次の各号に定めるところによる。

⑴　住宅　法第２条第１項に定める家屋

⑵　宿泊　寝具を使用して施設を利用すること

⑶　住宅宿泊事業　法第２条第３項に定める事業

⑷　住宅宿泊事業者　法第２条第４項に定める事業者

⑸　住宅宿泊管理業務　法第２条第５項及び法第36条に定める業務

⑹　住宅宿泊管理業者　法第２条第７項に定める事業者

⑺　宿泊サービス提供契約　宿泊者に対する住宅における宿泊のサービスの提供に係る契約

⑻　住宅宿泊仲介業者　法第２条第10項に定める事業者

⑼　宿泊者　宿泊サービス提供契約に基づき住宅に宿泊する者

⑽　宿泊者名簿　法第８条に定める宿泊者に関する名簿

第３条（契約の当事者） 本契約において、住宅宿泊管理業務を委託する者を甲とする。甲の氏名等は、頭書⑴記載のとおりである。

２　本契約において、住宅宿泊管理業務を受託する者を乙とする。乙の商号（名称）、代表者、事務所所在地、連絡先、住宅宿泊管理業の登録番号及び登録年月日は、頭書⑴記載のとおりである。

３　甲は、乙に対し、住宅宿泊事業を営むために必要な書類（法第３条第２項の届出書及び同条第３項の書類）、その他甲乙双方が必要と認める書類の内容を通知するものとする。

４　甲又は乙は、頭書⑴に記載する内容及び前項の内容に変更が生じたときは、相手方に対し速やかに通知するものとする。

第４条（契約期間） 本契約の契約期間は、頭書⑵に定めるとおりとする。

２　本契約は、甲乙間の協議により更新することができる。

第５条（目的物件及び住宅宿泊管理業務） 甲は、その所有又は賃借する頭書⑶記載の住宅（以下「届出住宅」という）につき、次の業務（以下「委託業務」という）を乙に委託する。

⑴　宿泊者等への対応に関する業務（別表第１に掲げる業務）

⑵　清掃・衛生業務（別表第２に掲げる業務）

⑶　住宅・設備管理及び安全確保業務（別表第３に掲げる業務）

２　乙は、前項の規定により受託した住宅宿泊管理業務の全部を第三者に再委託してはならない。

３　乙は、甲の承諾を得た上で、別表第４に定めるところにより、第１項に定める委託業務の一部を第三者に再委託することができる。この場合においても、乙は当該第三者に対し本契約の義務を遵守させるものとし、当該第三者が委託業務を行う上での過失等によって生じた甲又は届出住宅の宿泊者の損害は、乙がその責任を負うものとする。

４　乙は、別表第４に定める事項を変更しようとするときは、甲の承諾を得るものとする。

第６条（委託業務に対する報酬） 委託業務の報酬は月額　円（１か月未満の期間にかかる報酬については、その月の日数による日割計算）とし、甲は、乙に対して、毎月末日限り翌月分の報酬を乙の指定する銀行口座に振り込む方法により支払う。但し、振込手数料は甲の負担とする。

第７条（委託業務に要する費用等） 甲は、前条の報酬の他、乙が委託業務を実施するのに伴い必要となる水道光熱費を負担するものとする。

２　甲は、乙に対し、前条の報酬及び前項の水道光熱費とは別に、委託業務の実施のために要した届出住宅に設置・配置する備品その他届出住宅を住宅宿泊事業に供するために必要な物品等の購入に要した費用を支払う。

３　前項の費用は、乙からその明細を示した請求書を甲に提示し、その請求書を受領した日の翌月末日限り乙の指定する銀行口座に振り込む方法により支払う。但し、振込手数料は甲の負担とする。

第８条（緊急時の業務） 乙は、第５条の他、災害又は事故等の事由により、緊急に行う必要がある業務で、甲の承認を受ける時間的な余裕がないものについては、甲の承認を受けないで実施することができる。この場合において、乙は、速やかに書面をもって、その業務の内容及びその実施に要した費用の額を甲に通知しなければならない。

２ 前項により通知を受けた費用については、甲は、前条第３項に準じて支払うものとする。

第９条（報告） 乙は、甲に対し、届出住宅ごとに、毎年２月、４月、６月、８月、10月及び12月の７日までに、それぞれの月の前二月における人を宿泊させた日数（正午から翌日の正午までの期間を１日として計算した日数）、宿泊者数、延べ宿泊者数、宿泊者の国籍別内訳を報告するものとする。

２ 乙は、甲に対し、甲の事業年度終了後及び本契約の期間満了後速やかに、報告の対象となる期間、委託業務の実施状況、届出住宅の維持保全状況及び届出住宅の周辺地域の住民からの苦情の発生状況について書面又は国土交通省関係住宅宿泊事業法施行規則第21条第２項に定める電磁的方法（以下「電磁的方法」という）により報告するものとする。

３ 届出住宅又は住宅宿泊事業の実施に関して重大な事項が生じた場合、あるいは、甲から求めがあった場合、乙は前項の報告とは別に書面又は電磁的方法により報告するものとする。

第10条（業務処理の原則） 乙は、信義を旨とし、誠実に委託業務を行うものとする。

２ 乙は、届出住宅を善良な管理者の注意をもって管理するものとする。

第11条（宿泊サービス提供契約、宿泊料及び宿泊者情報提供） 甲は、宿泊サービス提供契約の締結の代理又は媒介を他人に委託するときは、住宅宿泊仲介業者又は旅行業者に委託するものとする。

２ 甲は、自己の責任と負担において、宿泊者より宿泊料その他料金を収受し、納税等宿泊サービス提供契約及び宿泊料の収受等に伴う処理を行うものとする。

3　甲は、宿泊者との間で宿泊サービス提供契約を締結した場合、乙に対して、速やかにその旨及び宿泊サービス提供契約の概要、並びに、宿泊者の氏名、住所、職業及び宿泊日、また、宿泊者が日本国内に住所を有しない外国人であるときは国籍及び旅券番号を通知するものとする。

第12条（守秘義務）乙及び乙の従業員は、正当な理由がなく、委託業務に関して知り得た甲及び宿泊者の秘密を漏らしてはならない。本契約が終了した後においても、同様とする。

2　乙は、甲及び宿泊者に関する個人情報について、個人情報保護法その他関連法令に従って適正な取扱いを行うものとする。

第13条（反社会的勢力の排除）甲及び乙は、それぞれ相手方に対し、次の各号の事項を確約する。

一　自らが、暴力団、暴力団関係企業、総会屋若しくはこれらに準ずる者又はその構成員（以下総称して「反社会的勢力」という）ではないこと。

二　自らの役員（業務を執行する役員、取締役、執行役又はこれらに準ずる者をいう）が反社会的勢力ではないこと。

三　反社会的勢力に自己の名義を利用させ、この契約を締結するものでないこと。

四　自ら又は第三者を利用して、次の行為をしないこと。

ア　相手方に対する脅迫的な言動又は暴力を用いる行為

イ　偽計又は威力を用いて相手方の業務を妨害し、又は信用を毀損する行為

2　甲又は乙の一方について、次のいずれかに該当した場合には、その相手方は、何らの催告を要せずして、本契約を解除することができる。

一　前項第一号又は第二号の確約に反する申告をしたことが判明した場合

二　前項第三号の確約に反し契約をしたことが判明した場合

三　前項第四号の確約に反した行為をした場合

第14条（賠償責任及び免責事項）乙は、乙又はその従業員が、委託業務の遂行に関し、甲又は宿泊者に損害を及ぼしたときは、甲又は宿

泊者に対し、賠償の責任を負う。

2　前項にかかわらず、乙は、甲、宿泊者及び第三者の故意若しくは過失によって生じた損害、届出住宅の瑕疵によって生じた損害又は乙において予見できなかった事由によって生じた損害については、その責を負わないものとする。

第15条（契約の解約） 甲又は乙は、本契約の契約期間中であっても、相手方に対する書面による通知でもって、本契約を解約することができる。この場合において、本契約は、当該通知が相手方に到達してから３か月の経過をもって終了するものとする。

第16条（契約の解除） 甲又は乙が、本契約に定める義務に関してその本旨に従った履行をしない場合には、その相手方は、相当の期間を定めて履行を催告し、その期間内に履行がないときは、本契約を解除することができる。

第17条（契約終了時の取扱い） 本契約が期間満了、解約又は解除その他の事由により終了したときは、乙は、甲に対し、管理物件に関し保管していた書類及び鍵等を引き渡すとともに、その他甲乙間において必要な精算を行うものとする。

第18条（合意管轄裁判所） この契約に起因する紛争に関し、訴訟の提起等裁判上の手続きをしようとするときは、 地方（簡易）裁判所をもって管轄裁判所とするものとする。

甲及び乙は、法第34条の規定に基づき甲乙間で本契約が成立したことを証するため、本書面２通を作成し、甲・乙記名押印の上、各１通を保有する。

○○年○月○日

委託者（甲）　　　　　　　東京都新宿区○○町○－○－○
宅間ひろし

住宅宿泊管理業者（乙）　東京都世田谷区上北沢○－○－○
株式会社　甲野不動産
代表取締役　甲野一郎

別表第１　宿泊者等への対応に関する業務

業　務　内　容	業　務　実　施　要　領
（1）宿泊者への届出住宅の鍵の受け渡し	①　対面において、宿泊予約者であることを確認した上で鍵の受け渡しを行う。
（2）本人確認、宿泊者名簿の作成、管理及び備付け	①　対面により本人確認を行い、日本国内に住所を有しない宿泊者の場合には、宿泊者が施設を利用する前に、旅券の提示を求めるとともに、旅券の写しを宿泊者名簿とともに保存する。 ②　宿泊者名簿を備え付け、宿泊者の氏名、住所、職業及び宿泊日のほか、宿泊者が日本国内に住所を有しない外国人であるときは、その国籍及び旅券番号を記載して３年間保存する。
（3）未チェックイン時の報告	①　宿泊予約者がチェックインされていない場合には、甲にその旨の報告を行う。
（4）騒音の防止のために配慮すべき事項その他届出住宅の周辺地域（同一建物内を含む。以下同じ。）の生活環境への悪影響の防止に関し必要な事項について宿泊者への説明	①　宿泊者に対し、騒音の防止のために配慮すべき事項、ごみの処理に関し配慮すべき事項、火災の防止のために配慮すべき事項、その他届出住宅の周辺地域の生活環境への悪影響の防止に関し必要な事項について説明を対面し口頭による方法で行う（外国人観光旅客である宿泊者に対しては外国語を用いて行う）。
（5）届出住宅の周辺地域の住民からの苦情及び問い合わせについての対応	①　周辺地域の住民から苦情又は問い合わせの申出があった場合には常時応答を行う。具体的な内容を聴取し、必要に応じて速やかに現場に赴き確認を行う。 ②　宿泊者が、宿泊サービス契約若しくは乙が予め説明した注意事項に反する行為又は周辺地域の生活環境に有害な行為を行っていることが確認された場合には、その行為の中止を求める。 ③　緊急を要する通報を受けた場合には、必要に応じて警察署、消防署、医療機関等の然るべき機関に連絡したのち、自らも現場に急行して対応を行う。その結果、宿泊拒否等の対応を行う必要がある場合には、甲と処理方針を協議する。ただし、甲との間で調整を行う時間的余裕がない場合には、自ら宿泊拒否等の対応を行うことができる。この場合において、対応の内容及び費用を速やか

	に甲に通知し、費用負担に関する調整は事後に行うものとする。 ④　甲及び苦情の申出者に対し必要に応じて処理結果を報告する。
（6）宿泊者による届出住宅への毀損など有害行為に対する措置	①　届出住宅への毀損を行うなど宿泊者が法令に違反する行為又は届出住宅の保存に有害な行為を把握した場合には、その行為の中止を求める。 ②　中止の要求に応じない場合には、甲に法的措置の助言を行う。
（7）長期滞在者への対応	①　連泊する長期滞在者には、定期的に面会を行う。特に宿泊契約が7日以上の場合にはチェックイン時に本人確認を行っていない者が届出住宅に宿泊するようなことがないよう、定期的な清掃等の際に、不審な者が滞在していないか、滞在者が所在不明になっていないか等について確認を行う。
（8）チェックアウト後の届出住宅の状況確認（破損、忘れ物等確認を含む）	①　チェックアウト後の住宅及び設備の破損の有無や、宿泊者の遺失物の有無等について確認し、宿泊前の状態と大きな乖離がないよう維持する。 ②　宿泊者の遺失物があった場合には、遺失物法に従って保管、返還、警察への届出等を行う。

別表第2　清掃・衛生業務

業　務　内　容	業　務　実　施　要　領
（1）届出住宅の日常清掃業務	①　届出住宅の設備や備品等については清潔に保ち、ダニやカビ等が発生しないよう除湿を心がけ、定期的に清掃、換気等を行う。 ②　届出住宅に循環式浴槽（追い炊き機能付き風呂・24時間風呂など）や加湿器を備え付けている場合は、レジオネラ症を予防するため、宿泊者が入れ替わるごとに浴槽の湯は抜き、加湿器の水は交換し、汚れやぬめりが生じないよう定期的に洗浄等を行うなど、取扱説明書に従って維持管理すること。 ③　宿泊者が、重篤な症状を引き起こすおそれのある感染症に罹患し又はその疑いがあるときは、保健所に通報するとともに、その指示を受け、その使用した居室、寝具及び器具等を消毒・廃棄する

	等の必要な措置を講じること。その他公衆衛生上の問題を引き起こす事態が発生し又はそのおそれがあるときは、保健所に通報すること。 ④　届出住宅で生じたごみその他の廃棄物は、放置しないように適切に搬出し、処理方法に応じて分別集積し、必要に応じて速やかに処理を行う。
（2）寝具・衛生用品の洗濯及び設置	①　寝具のシーツ、カバー等直接人に接触するものについては、宿泊者が入れ替わるごとに洗濯したものと取り替える。
（3）備品の管理及び補充	①　備品の有無及び残量を確認し、必要に応じて補充する。

別表第3　住宅・設備管理及び安全確保業務

業　務　内　容	業　務　実　施　要　領
（1）届出住宅及び設備の維持・管理	①　台所、浴室、便所、洗面設備、水道や電気などのライフライン、ドアやサッシ等の届出住宅の設備が正常に機能するよう保全する。 ②　空室時における施錠の確認や届出住宅の鍵の管理を行う。 ③　外国語を用いて、届出住宅の設備の使用方法に関する案内、届出住宅から最寄り駅までの経路を記載した書面を届出住宅に備え付けることによるほか、タブレット端末への表示等により、宿泊者が届出住宅に宿泊している間必要に応じて閲覧できる方法により案内を設置する。
（2）非常用照明器具の設置、点検、避難経路の表示その他災害発生時の避難体制の確立と宿泊者に対する避難支援	①　非常用照明器具を宿泊室及び避難経路に設置し、定期的に点検を行う。届出住宅に同時に複数のグループを宿泊させる場合には、宿泊者使用部分の各居室に、連動型住宅用防災警報器等を設置する。 ②　避難経路を表示（市町村の火災予防条例の規則内容を確認し、規定された事項を表示に盛り込む）する。
（3）外国語を用いて、火災、地震その他の災害が発生した場合における通報連絡先に関する案内	①　外国語を用いて、消防署、警察署、医療機関、住宅宿泊管理業者への連絡方法を必要な時に速やかに確認することが可能な方法により備え付ける。

（4）宿泊者からの建物、設備に対する苦情等への対応	①　宿泊者から建物、設備等の不具合について苦情等があった場合には、状況を確認し、必要な対応を行う。 ②　建物、設備等に関して修繕等の必要があると認められる場合には、修繕業者に連絡し、見積書を作成させる。工事内容、費用について甲と協議し、甲の合意を得る。修繕業者に対して、工事を発注する。工事終了後、点検を行った上、甲に対し、工事費用の請求を行う。 ③　事故等により、緊急に修繕の必要があり、甲と乙との間で事前に調整を行う時間的余裕がない場合は、乙は②の手続きによらず、修繕を実施することができる。この場合においては、修繕の内容及び費用を速やかに甲に通知する。
（5）諸官公庁等への届出事務の代行	①　必要に応じ、官公署、電力、ガス会社等への諸届けを代行する。

別表第4

再委託予定者に関する事項

商号、名称又は氏名	株式会社　みんぱく クリーン
主たる事務所の所在地	東京都世田谷区上北沢×－×－×
届出住宅を担当する事務所	同　上
再委託する業務内容	別表第2(1)④廃棄物の分別、集積、処理

8 民泊制度運営システムについて知っておこう

民泊に関連した問題解決のためにシステム化された制度

◉ 届出・登録や報告はインターネットでもできる

住宅宿泊事業（民泊）に関わる者にとって最大の関心事は、「どこで事業が行われているのか」「何日営業したのか」「何人宿泊したのか」です。違法営業の場合はもちろん、旅館業法上の許可を取得している場合であっても、従来の制度では、これらを国が把握することは不可能でした。

これらを解決するために始まったのが住宅宿泊事業法であり、旅館業法では対象外であった民泊仲介サイトや、民泊管理代行業者なども規制の対象とすることになりました。

しかし、対象の事業者を監督する機関が都道府県知事、国土交通大臣、観光庁長官と異なっているため、住宅宿泊事業法が施行されても、それぞれの関連性を把握することは困難であることから、住宅宿泊事業法は全国共通の管理・運営システム（民泊制度運営システム）を基盤にしています。

これにより、事業者にとっては、届出や登録、報告などをインターネットから行うことができ、行政もそれぞれの施設がどこにあり、何日営業しているのか、何人宿泊しているのか、どの施設とどの管理業者が契約しているか、どの施設がどの仲介サイトで顧客を得ているかなどを的確に把握しているわけです。

◉ 手続きをどのようにシステム化したのか

民泊制度運営システムでは、事業者による届出書・登録申請書の作成・送信から行政担当者による届出書・登録申請書の確認・

受理まですべてネット上で行うことができます。

この住宅宿泊事業者届出や住宅宿泊管理業者登録申請は、すべての書類の作成と送信をネット上で行う「電子届出・登録」と、基礎的な内容の送信をネット上で行い、添付書類などを郵送や持参により提出する「電子届出・登録（一部書類別送）」、必要な書類の作成をネット上で行い、届出や登録はすべて郵送や窓口で行う「書類作成のみ」の３種類があります。

①　電子届出・登録の流れ

「電子届出・登録」の場合、まず、事業者がパソコン上で届出や登録の書類を作成し、送信を行います。行政担当者が届出や登録を確認し、内容に不備がなければ、受理の通知を事業者に行うことで完了します。ただし、行政担当者が届出や登録を確認した際に不備があれば、届出や登録の修正の連絡をした上で、事業者より修正した書類等の送信を行います。

■ 民泊制度運営システムの概要

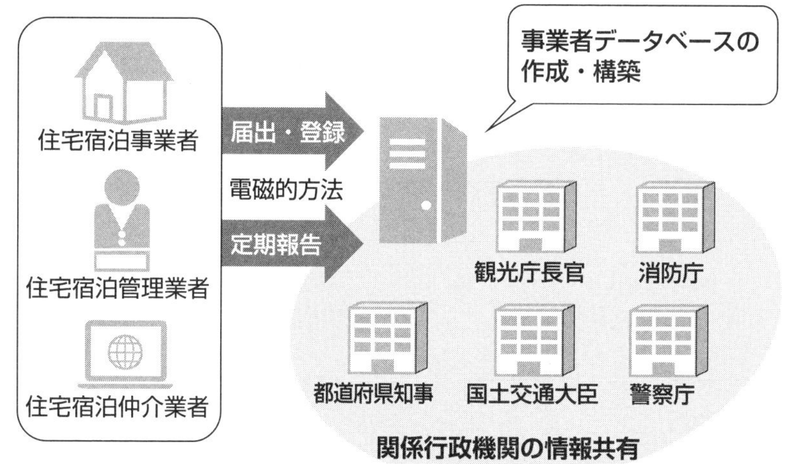

なお、住宅宿泊管理業者に比べて、住宅宿泊事業は一般個人の届出が多くなると予想されますが、電子署名を使わず身分証明書等により届出者の本人確認を行う方法もあります。

② 電子届出・登録（一部書類別送）の流れ

①同様、まず事業者がパソコン上で書類を作成し、送信を行いますが、添付書類などは郵送や持参による方法で提出します。行政担当者が届出や登録の書類と添付書類を確認し、届出や登録の書類や添付書類の内容に不備がなければ、受理の通知を事業者に行うことで完了します。内容に不備がある場合の流れは①と同様です。

③ 届出書類作成のみ

「届出書類作成のみ」の場合、事業者がパソコン上で届出や登録の書類を作成するだけで届出送信を行わず、出力した上で窓口に提出します。

◉ 本人確認をどのようにシステム化するのか

民泊制度運営システムによる、住宅宿泊事業の届出や住宅宿泊管理業者の登録は「電子署名利用」と「電子署名なし」という２種類が想定されています。

① 電子署名利用

電子署名・証明書を利用する方式で、添付書類なども電子化することになりますが、住宅宿泊事業者に比べると、住宅宿泊管理業者は知識や経験も豊富な企業の参入が前提となっているため、住宅宿泊事業の届出より、電子署名などの活用は多いと考えられますが、いずれにしても、電子署名の活用は高いハードルと考えられます。なお、利用できる電子署名は公的個人認証サービスと商業登記認証です。また、登記情報提供サービスも利用可能です。

はじめに事業者がIDとパスワードの発行を申請し、IDとパスワードに加えて電子署名・証明書を用いて届出や登録申請を電子申請します。この際、添付書類なども電子化して一緒に送信します。不備があれば、再申請が求められますが、不備がなければ、届出番号や登録番号が通知されます。民泊制度運営システムの最大の利点は、その後、手間になる定期報告をオンライン上で行える点にあります。

②　電子署名なし

電子署名を行わない場合は、届出者の身分証明書等画像やPDFなどのファイルタイプでアップロードします。

なお、「③届出書類作成のみ」（前ページ）の場合でも、事業者がIDとパスワードの発行を申請し、申請事項を入力して申請書類などを自動生成し、印刷した申請書に捺印等を行って窓口に提出しますが、事前にIDとパスワードを登録しているため、電子署名利用方式同様、事後の定期報告などはオンライン上のみで行うことができます。

■ 民泊制度運営システムによる届出イメージ ……………………

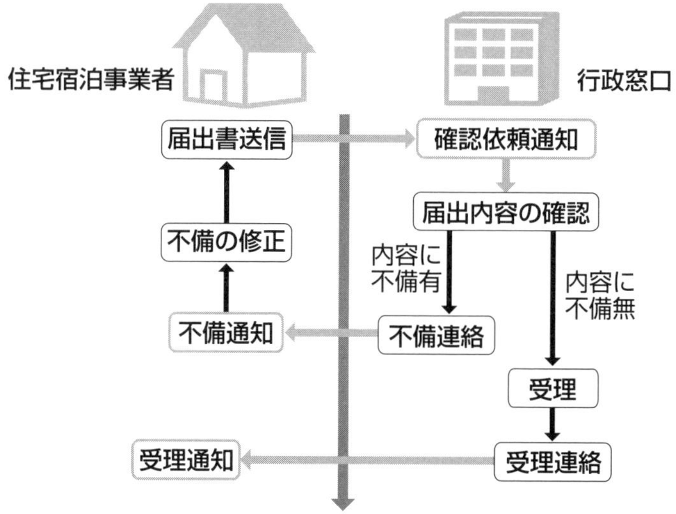

◉ オンラインの手続きはどのようにするのか

住宅宿泊事業の届出や、住宅宿泊管理業の登録をオンラインで行うには、検索サイトで「民泊制度運営システム」という単語を入力して探すか、Webブラウザに「https://www.mlit.go.jp/kankocho/minpaku/」と入力してアクセスするのがよいでしょう。

2020年より、届出時に電子署名を行わない場合の本人確認方法として、身分証明書等により届出者の本人確認を行う方法が加えられていますが、ここでは、電子署名を使わない「③書類作成のみ」の種類を例に、実際の「民泊制度運営システム」について説明します（手続きは、住宅宿泊事業届出を想定）。

なお、万が一届出手続きを行政書士に委任（届出代理）する場合であっても、届出代理や、手続き後に行う定期報告に事業者用のIDが必要となりますので以下の「利用者登録」は必須となります。

まず、「民泊制度運営システム（民泊制度ポータルサイト)」にアクセスし、トップページの右上にある「民泊制度運営システムログイン」をクリックします。

「民泊制度運営システムのご案内」「民泊制度運営システムのログイン」というメニューが出てきますので「民泊制度運営システムのご案内」をクリックします。

続いて表示される「民泊制度運営システムのご案内」画面を下にスクロールすると「次へ 」「民泊制度運営システムの利用方法」と記載がありますので、クリックします。

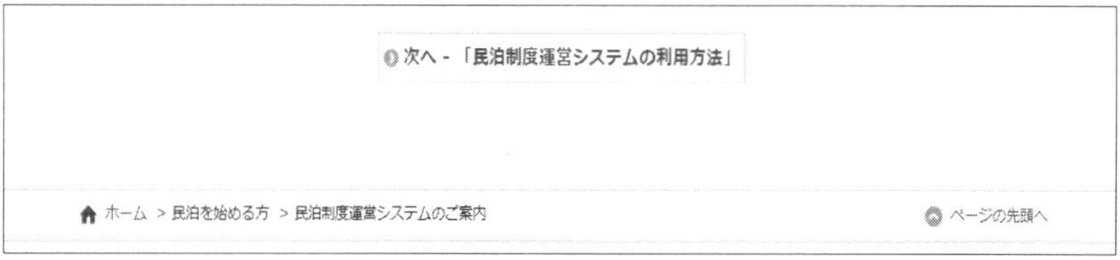

「ログイン」と「利用者登録」の選択画面が出ますので、初めての場合、「利用者登録」をクリックします。

「民泊制度運営システム利用にあたっての注意事項」に問題なければ「確認」をクリックします。

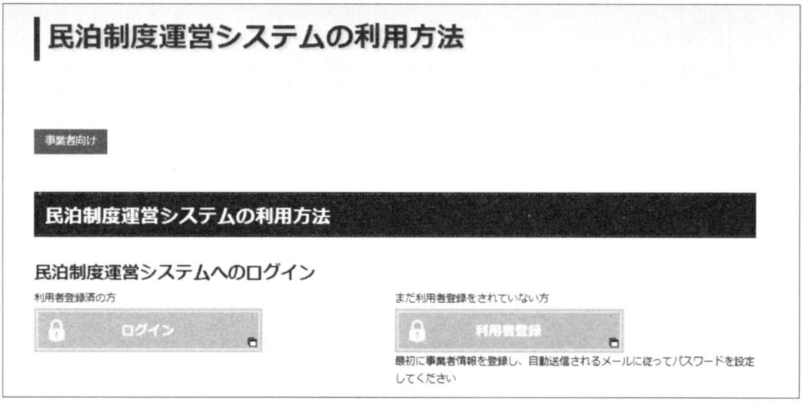

「事業者登録」画面で「事業者区分（ここでは、住宅宿泊事業者）を選択し、「姓名」「メールアドレス」を入力し、「私はロボットではありません」にチェックを入れて、申請をクリックすると、記載したメールアドレス宛に「仮登録メール」が送信されます。

送られてきたメール本文の登録確認用ＵＲＬをクリックすると、パスワード設定画面になりますので、パスワードを設定します。

パスワード設定後、「宿泊事業者メニュー」が表示されますので、「届出書作成」をクリックします。

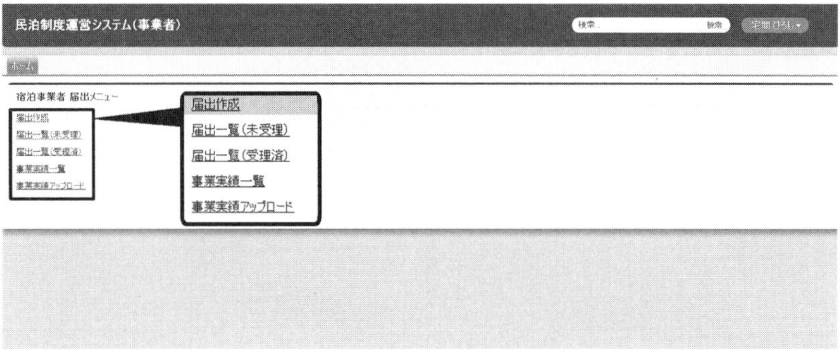

87 ～ 91ページの説明を参考に、それぞれ必要な事項を入力します。入力画面上各項目にある「？」の マークにカーソルを合わせると、内容や入力方法に関するヘルプを見ることも可能です。

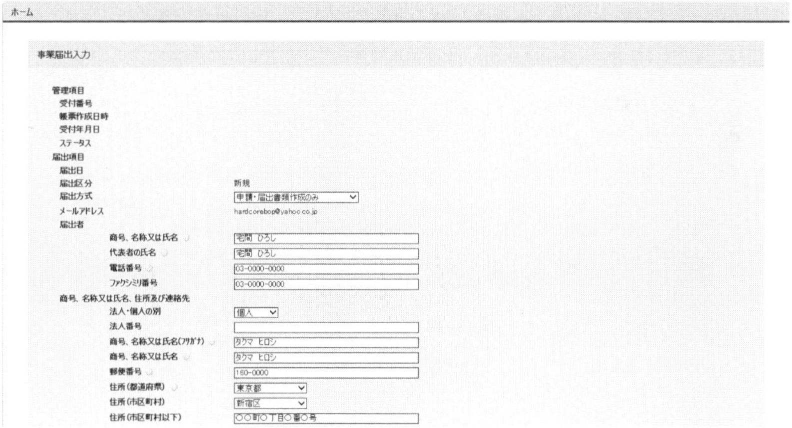

すべての必要事項を入力し終えたら、最下部にある「届出書出力」をクリックします。今回は、電子署名を使わない「③書類作成のみ」の種類を例にしていますので、添付書類の欄にチェックを追加する必要はありません。

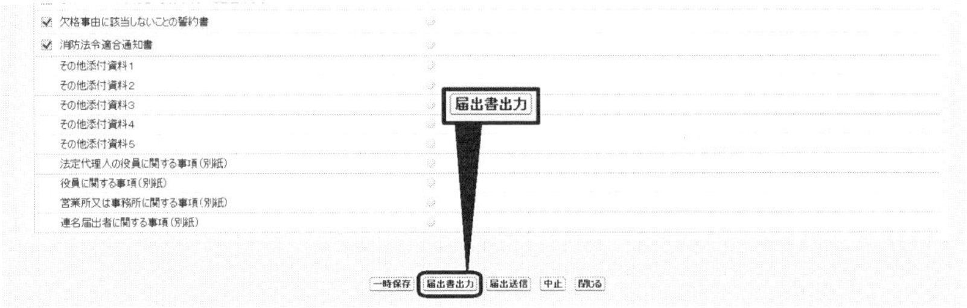

入力内容に不備がある場合は、エラーメッセージが表示されますのでメッセージに従って修正してください。

なお、届出方式が「届出書類作成のみ」を選択した場合であっても、届出の作成が完了した時点で必ず「届出送信」ボタンをクリックする必要があります。

Q 民泊制度運営システムに必要な電子署名とはどんなものなのでしょうか。

A オンラインによる届出や登録申請をする場合、扱うデータはすべて、電子データです。この場合、行政担当者が事業者の本人確認をすることが難しく、証拠となりうる送信データなどが、改ざんされやすいという問題があります。この際の本人確認について、技術の進歩によってある程度の対応がなされたのが「電子署名･認証制度」です。

電子署名がなされた電子文書は、本人が自分の意思で作成したものと推定され、仮に裁判になっても、有効な証拠とされます。

電子署名は、印鑑登録制度と似たしくみで、それぞれ印鑑と印影のような役割を果たします。電子署名が本人のものかどうかの確認は、電子認証という電子証明書の発行によって行います。

電子証明書は認証機関（国の認定を受けた民間企業が運営するものなどがあります）が本人の確認をするので、通信の相手方は本人の署名を本物であると信用することができるようになっています。認証機関に電子証明書を発行してもらうには、事前に本人が身元を証明できる資料と共に認証機関に手続をすることが必要になります。

■ 電子署名のしくみ

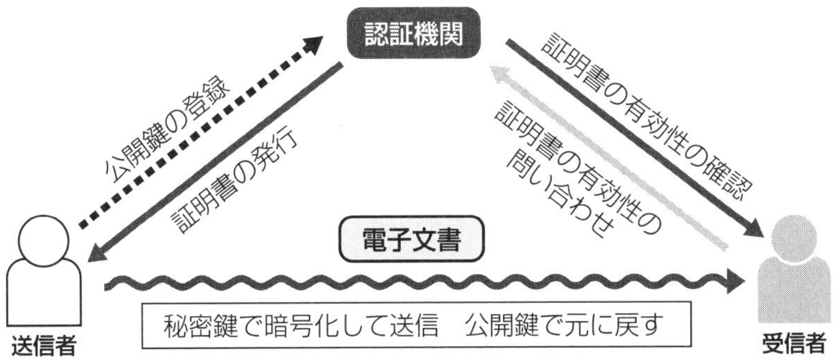

9 事業開始後はどんな点に注意すればよいのか

事業開始後には、さまざまな責務がある

◉ 住宅宿泊事業者にはどのような責務があるか

住宅宿泊事業の届出を終えると、法律上、住宅宿泊事業者として以下のような義務が発生します。

①　標識の掲示義務

住宅宿泊事業者は、届出住宅ごとに、公衆の見やすい場所に、指定の標識（69ページ）を掲げなければなりません。標識を掲示する際には、ラミネート加工等の風雨に耐性のあるもので作成・加工を施すことが望ましいとされています。マンションなどの共同住宅では、標識の一部分を、集合ポスト等の掲示が可能なスペースに合わせて掲示するようにしましょう。

②　ゲストに対する義務

ゲストに対する主な義務は「衛生の確保」「宿泊者名簿の備付け」になります。また、ゲストが外国人の場合は、外国語による外国人観光客に対する宿泊時の快適性や利便性の配慮が必要になります。以下、それぞれ詳細を説明します。

・衛生の確保

住宅宿泊事業者は、営業する民泊の定期的な清掃や換気を行うことが義務付けられています。具体的には、設備や備品等を清潔に保ち、ダニやカビなどが発生しないよう除湿を心がけ、定期的に清掃、換気等を行うことです。

また、寝具のシーツ、カバーなど、直接人に接触するものについては、宿泊者が入れ替わるごとに洗濯したものと取り替えなければなりません。浴室についても、追い炊き機能や加湿器を備え付けている場合は、レジオネラ症を予防するため、宿泊者が入れ替わるごとに浴槽の湯を抜くことや、加湿器の水を抜かなければなりません。

・宿泊名簿の備え付け

ゲストが宿泊するごとに、氏名、住所、職業、宿泊日、国・旅券番号（外国人の場合）を記録し、宿泊名簿として３年間保存しなければなりません。よくある失敗として、グループで宿泊される場合の代表者のみの記載でよいと思ってしまう例があります。

予約は代表者が行っていてもチェックイン時には宿泊者全員の記録が必要です。

なお、民泊仲介サイトなどであらかじめ、上記の記録がなされ、ファイルや磁気ディスクなどで記録し、プリントアウトがいつでもできる状態であれば問題ありません。その際、チェックインもきちんと宿泊施設からの配信であることが確認でき、ゲストの顔や旅券が画像により鮮明に確認できるのであれば、届出した民泊に備え付けたテレビ電話やタブレット端末などで行うことも認められています。

■ 宿泊名簿に記載すべき事項

宿泊者名簿に記載すべき事項

- ① 宿泊者の氏名・住所・年齢・性別・職業
電話番号
- ② 到着年月日時と出発年月日時
- ③ 前宿泊地と行き先
- ④ 宿泊者が日本国内に住所を有しない
外国人であるときは、国籍と旅券番号

・外国人観光旅客である宿泊者の快適性と利便性の確保

住宅宿泊事業者は、ゲストが外国人の場合、設備の使用方法、移動のための交通手段、火災、地震その他の災害が発生した場合における通報連絡先に関する案内などにつき、外国語を用いて行わなければなりません。これは努力義務（違反しても罰が課されない義務）ではなく、明確な義務とされていることに注意が必要です。

③　営業所の周辺住民に対する義務

民泊は、その周辺住民にあたえる影響が大きいことから、住宅宿泊事業者には、「迷惑行為等に関する説明」と「周辺住民からの苦情対応」という２つの義務があります。以下、それぞれ詳細を説明します。

・迷惑行為等に関する説明義務

宿泊するゲストが外国人の場合、国ごとに異なるしきたり、マナーなどの違いから、思わぬ事で周辺住民とのトラブルに発展します。そこで、チェックイン時の口頭説明や、施設への書面備え付けなどの方法で、「騒音防止に関すること」「ゴミの処理に関すること」「火災防止に関すること」などの説明義務があります。

ただし、地域ごとに事情は異なることから、営業開始前にしっかりと意見聴取した上で、営業場所に応じた追加の説明内容を加えていく必要があります。たとえば「民泊内での性風俗サービス利用禁止」や「卸売市場関係者が多く住むため、夜８時以降は静かに」などです。

・周辺住民からの苦情対応

上記の迷惑行為にも関連しますが、民泊では、事業者が予期しないことで周辺住民から深夜の苦情が寄せられることが多くあります。「ゲストが酔っ払って騒いでいる」「開錠ナンバーを忘れたみたいでドアをたたいている」「施設がわからなくなり、周辺に助けを求めている」など、緊急事態に管理者の連絡がとれないようでは、話になりません。そこで「深夜早朝を問わず、常時、応対や電話対応できる」「緊急時、必要に応じて、警察署、消防署、医療機関などの機関に連絡した後、自らも現場に急行できる」などの体制構築が必須になります。

また、滞在中のゲストの行為により苦情が発生し、当該ゲストに対して注意等を行っても改善がなされないような場合には、現場に急行して退室を求めるなど、必要な対応を講じる必要があります。

◉ 変更事項に関する届出義務

住宅宿泊事業者は、以下の①から⑥の事項に変更に変更があったときは、変更のあった時から30日以内に、⑦を変更しようとするときは事前に都道府県知事に対して届け出なければならないものとされています。

① 商号・名称、氏名、住所
② 法人の場合の役員（代表者を含む）
③ 未成年者の場合の法定代理人
④ 営業所や事務所（名称や所在地）
⑤ 住宅宿泊管理業者の場合、登録番号
⑥ 届出住宅の詳細
⑦ 委託している住宅宿泊管理業者

また、以下の事項に該当する場合は、それに関係する者が30日以内に都道府県知事に届け出る必要があります。

① 個人の場合で死亡した場合（相続人が届出）
② 法人で合併し、消滅した時（代表者が届出）
③ 法人で破産した時（破産管財人が届出）

④　法人で解散した時（生産人が届出）
⑤　事業を廃止する時（届出者個人か、法人の代表者が届出）

◉ 報告や立入検査もある

住宅宿泊事業者は、「届出住宅に人を宿泊させた日数」「宿泊者数」「延べ宿泊者数」「国籍別の宿泊者数の内訳」について定期的に都道府県知事に報告しなければならないものとされています。

定期的というのは、毎年２月、４月、６月、８月、10月、12月の15日までに、それぞれの月の前２か月分を報告するとされています。

このことから、管理業務を住宅宿泊管理業者に委託している場合は、正確な報告を行うため、住宅宿泊事業者と住宅宿泊管理業者が締結する管理受託契約の事業内容に「事業者（委託側）への定期的な情報提供」を盛り込んでおく必要があります。

◉ 住宅宿泊事業者の責務を果たさない場合の処分

たとえば、定期的に都道府県知事への定期報告が行われない場合、都道府県知事より連絡が届きます。この際に連絡が取れないと、現場の確認がなされ、事業の実態がないことが確認された場合には、確認後30日を経過した時点で、事業が廃止されたものとみなされますので、その後営業を行ってしまうと違法営業になってしまうので注意が必要です。また、報告をしていないこと自体は30万円の罰金とされています。

報告以外にも、住宅宿泊事業者が定められた義務を適切に履行していると認められない場合や、住宅宿泊事業法の目的から見て適正な運営がなされていないときも同様に、以下のような行政指導や処分が都道府県知事よりなされます。

①　業務改善命令

まずは、都道府県知事より、住宅宿泊事業者に対して業務の方法の変更や業務の運営の改善に必要な措置をとることを命じます。

②　報告徴収・立入検査

上記の他、都道府県知事は、業務に関して報告を求めたり、施設に立ち入って業務の状況や設備、帳簿書類等を検査したり、関係者に質問することができます。

③　業務停止命令

住宅宿泊事業者に明確な法令違反があったり、①の業務改善命令に違反した場合、都道府県知事は１年以内の期間を定めて、営業の全部または一部の停止を命ずることができます。

④　業務廃止命令

都道県知事は、①の業務改善命令や③の業務停止命令でも、監督の目的が達成できないと判断された場合は、事業の廃止も命じることができます。

⑤　処罰

住宅宿泊事業者が②の報告をしなかった場合や変更届出を怠った場合は30万円の罰金、③の業務停止命令や④の業務廃止命令に従わない場合は、６か月以下の懲役か100万円以下の罰金（併科もあります）に処されます。

◉ 住宅宿泊管理業者にはどのような責務があるか

住宅宿泊管理業の登録をすると、法律上、住宅管理業者として以下のような義務が発生します。

①　禁止事項

住宅宿泊管理業者は、その名称を他人に名義貸しすることや、「管理に係る責任、報酬額、契約解除」について、事実に相違する表示をしたり、実際より著しく優良・有利であると人を誤認させるような誇大広告をすること、不当な勧誘などをする行為なども禁止されています（76ページ）。その他、住宅宿泊管理業務のすべてを第三者に再委託することも許されません（ただし、掃除やゴミ回収など、一部の事実行為を再委託することは認められています）。

②　契約に関する義務

住宅宿泊管理業者は、管理受託契約の締結の際に管理受託契約の内容やその履行に関する事項について書面を交付して説明する義務を負います（77ページ）。

③　住宅宿泊管理業務の遂行に関するもの

住宅宿泊管理業務の受託をした場合、本来、住宅宿泊事業者に義務化されていた「宿泊者の衛生確保と安全確保」「宿泊名簿の備え付け」「周辺住民に対する義務」「外国人ゲストに対する快適性・利便性の確保」のすべての義務（66～68ページ）が受託管理業者にも課されます。また、住宅宿泊管理業務を実施する際は、その業務を従事する者に住宅宿泊管理業者の従業者である証明書

■ 住宅宿泊管理業務のつながり

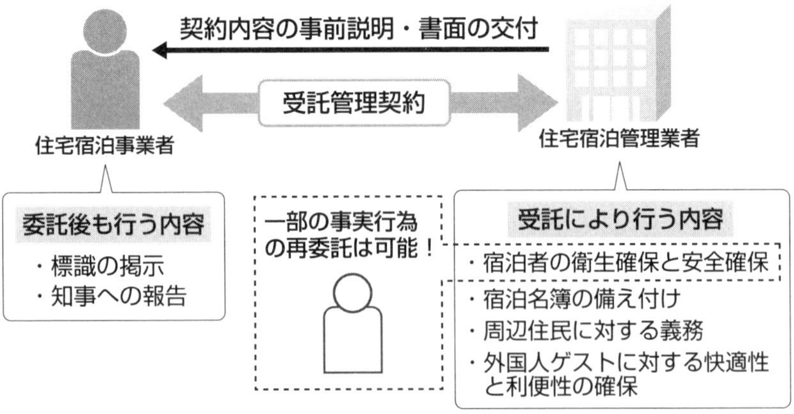

を携帯させなければなりません。

その他、住宅宿泊事業者に対して管理業務の実施状況や管理する住宅の維持保全の状況、周辺住民の苦情発生状況を報告する義務があります。

④　標識の掲示

住宅宿泊管理業者は、営業者や事務所に住宅宿泊管理業者登録票を掲示しなければなりません。

◉ 住宅宿泊管理業者は更新義務がある

住宅宿泊事業者の届出と異なり、登録制である住宅宿泊管理業者は、５年ごとにその更新を受けなければ、その期間の経過によって、その効力を失ってしまいます。更新の手続きができるのは、現に受けている登録の有効期間の満了の日の90日前から30日前までの間とされています。この際の更新料は、19,700円（電子申請の場合は19,100円）です。

◉ 変更事項に関する届出義務

住宅宿泊管理業者は、以下の①から⑤の事項に変更に変更があったときは、変更のあった時から30日以内に国土交通大臣に対して届け出なければならないものとされています。

①　商号・名称、氏名、住所
②　法人の場合の役員（代表者を含む）
③　未成年者の場合の法定代理人
④　営業所や事務所（名称や所在地）
⑤　すでに有している免許や登録がある場合、免許番号や登録番号

◉ 住宅宿泊管理業者の責務を果たさない場合の処分

住宅宿泊管理業者が定められた義務を適切に履行していると認められない場合や、住宅宿泊事業法の目的から見て適正な運営がなされていないときなどは、以下のような行政指導や処分が国土交通大臣よりなされます。

① 業務改善命令

国土交通大臣より、住宅宿泊管理業者に対して業務の方法の変更や業務の運営の改善に必要な措置をとることを命じます。

② 業務停止命令

住宅宿泊事業者に明確な法令違反があったり、①の業務改善命令に違反した場合、その他、破産などした場合、国土交通大臣は１年以内の期間を定めて、営業の全部または一部の停止を命ずることができます。

③ 登録の抹消

国土交通大臣は、５年内に住宅宿泊管理業者より更新手続きがなされない場合や廃業等の届出があったとき、①の業務改善命令や②の業務停止命令でも、監督の目的が達成できないと判断された場合は、事業の登録抹消をする権限を有しています。

その他、適正な運営を確保するため必要があるときには、国土交通大臣は、住宅宿泊管理業者に報告を求めたり、立入検査をすることができます。

④ 処罰

住宅宿泊管理業者が変更の届出を怠った場合や受託管理業務の遂行義務を怠った場合は、30万円以下の罰金、名義貸しをした場合、１年以下の懲役や100万円以下の罰金に処されます（併科も可）。②の命令に違反した場合、６か月以下の懲役や50万円以下の罰金に処されます（併科も可）。

参考　住宅宿泊管理業従業者証明書

第九号様式（第十八条関係）

表

従　業　者　証　明　書

従業者証明書番号

2.4 cm

写

真

3.0cm

（　年　月撮影）

従業者氏名　　　　　　（　年　月　日生）

業務に従事する営業所又は事務所の名称及び所在地

この者は、住宅宿泊管理業者の従業者であることを証明します。

証明書有効期間　　年　月　日から
　　　　　　　　　年　月　日まで

登録番号　国土交通大臣（　）第　　号

商号、名称又は氏名

主たる営業所又は事務所の所在地
代表者氏名

5.392 cm以上 5.403cm以下

8.547 cm以上 8.572 cm以下

裏

備　考

住宅宿泊事業法抜粋

第三十七条　住宅宿泊管理業者は、国土交通省令で定めるところにより、その業務に従事する使用人その他の従業者に、その従業者であることを証する証明書を携帯させなければ、その者をその業務に従事させてはならない。

2　住宅宿泊管理業者の使用人その他の従業者は、その業務を行うに際し、住宅宿泊事業者その他の関係者から請求があったときは、前項の証明書を提示しなければならない。

備　考

1　従業者証明書番号の付し方は、次の方法によること。

(1)　第1けた及び第2けたには、当該従業者が雇用された年を西暦で表したときの西暦年の下2けたを記載するものとする。

(2)　第3けた及び第4けたには、当該従業者が雇用された月を記載するものとする。ただし、その月が1月から9月までである場合においては、第3けたは0とし、第4けたにその月を記載するものとする。

(3)　第5けた以下には、従業者ごとに、重複がないように付した番号を記載するものとする。

2　業務に従事する営業所又は事務所に変更があったときは、裏面に変更後の内容を記入し、営業所又は事務所の長の印を押印すること。

3　従業者の現住所等必要な事項がある場合には、裏面に記入すること。

4　用紙の色彩は青色以外とすること。

5　証明書の有効期間は5年以下とすること。

Column

旅館業法と住宅宿泊事業法の両方の理解が必要

住宅宿泊事業法が成立するまでに報道などで「民泊の解禁」といった表現が多用されたせいか、あるいは旅館業法の名称が大規模な宿泊施設をイメージさせるせいか、新しく民泊ビジネスに参入する人にとっては、「民泊＝住宅宿泊事業法」という思い込みがあるようです。しかし、本来、民泊とは「一般の住居に泊まること」を総称して用いられてきた用語で、住宅宿泊事業法が施行される前から、住居用の建物を用いて旅館業法の許可を取得し、適法に民泊ビジネスは行われてきました。むしろ、適法に旅館業法を取得できない建物（建築基準法の問題や、マンションの一室など）で営業をしようとする者に対する救済措置として制定されたのが住宅宿泊事業法であり、住宅宿泊事業法は旅館業法の特別法に近いニュアンスを持っています。

旅館業法自身も、2015年以後は小規模な建物による許可取得ができるように、順々に改正がなされています。簡易宿所の許可要件であった「床面積、33㎡以上」という要件を（宿泊者10名以下の場合）「床面積、宿泊者１人当たり3.3㎡」に改正したことがはじまりです。続いて、「ホテル営業」と「旅館営業」の区分を統合し、客室数「ホテル10室以上」「旅館５室以上」という要件を撤廃しました。

また、採光や照明の数値基準を撤廃したり、玄関帳場を設けなくても許可が取れる条件なども追加しています。

このことから、住宅宿泊事業法の施行後であっても、営業日数の問題であったり、自己管理のしやすさなどを理由に、変わらず住宅宿泊事業法ではなく旅館業法の許可による民泊ビジネスを選択するケースも多くなると考えられています。つまり、民泊ビジネスを考える際には、旅館業法と住宅宿泊事業法の両方の理解が必須といえるのです。

第３章

民泊ビジネスと旅館業の関係

1 旅館業の基本を知っておこう

日数制限のない旅館業の許可取得を検討する

◉ 旅館業の種類と法改正の経緯

旅館業とは、「宿泊料を受けて人を宿泊させる営業」と定義付けがなされており、①宿泊料を受けて、②人を宿泊させる、③営業行為を行う場合で住宅宿泊事業を行わないのであれば、旅館業の許可を取得する必要があります。

従来、旅館業法の許可区分は、次ページ表のように「ホテル営業（洋客室10室以上）」「旅館営業（和室５室以上）」「簡易宿所営業（客室を大人数で使用）」「下宿営業（１か月以上を単位とする）」の４類型とされていました。

日本全体におけるこれらの施設の割合は長らく５割程度が旅館営業であり、３割程度が簡易宿所営業、２割程度がホテル営業となっていましたが、2015年以降の訪日外国人の急増を受けて簡易宿所の新規許可営業数が急増し、全体の４割を占める勢いとなりました。

内訳としても2014年までの簡易宿所営業が、カプセルホテルやゲストハウスをはじめ、ドミトリー、コテージ、バンガロー等であったのに対して、2015年以降のほとんどすべての許可取得施設が民泊である点も特徴的です。こういった背景を踏まえて2017年12月成立の旅館業法改正により、以下のような旅館業法の許可区分見直しと構造・設備要件の緩和がなされました。

・ホテル営業と旅館営業が「旅館・ホテル営業」として統合

従来は別区分であった「ホテル営業」と「旅館営業」の営業種別が一つの区分へと統合され、「旅館・ホテル営業」となりました。

これに伴い、「客室の最低数」「寝具の種類（洋室・和室）」「客室の境（洋室は壁づくり、和室は板戸、襖等）」といった構造・設備要件も撤廃されました。

その他、採光・照明などの要件や、トイレ・風呂などの要件、床面積要件などについても、見直しが図られています。

・玄関帳場の規制について

「ホテル営業」や「旅館営業」はもちろん、多くの都道府県においても負担が大きい設備要件とされていた玄関帳場について、大きな規制緩和がなされることになりました。

■ 改正前の旅館営業区分表 ……………………………

	ホテル営業	旅館営業	簡易宿所営業	下宿営業
客　室	10室以上 （洋室を主体）	5室以上 （和室を主体）	客室を大人数で使用 （共用しない客室の延べ床面積は総客室面積の半分未満） ※階層式寝台は2層で上下1m以上間隔	1月以上の期間を単位として宿泊料を受ける形態
1客室の床面積（客室専用の浴室・便所・洗面所も含む）	洋式客室9㎡以上 和式客室7㎡以上	洋式客室9㎡以上 和式客室7㎡以上	3.3×（収容定員）㎡以上 （10名以下の場合）	
定　員	1名あたり3㎡を超える有効面積を確保	1名あたり3㎡を超える有効面積を確保	1名あたり1.5㎡を超える有効面積を確保	
フロント（玄関帳場）	宿泊者と面接できる3㎡以上の受付事務に適した広さのフロント等を設ける	宿泊者との面接に適した広さのフロント等を設ける	多くの都道府県では、左に準ずる	
浴　室	洋式浴室又はシャワー室を用意	入浴設備を用意 （近接に浴場等の入浴施設がない場合）	入浴設備を用意	
食事提供	ロビーか食堂を用意	飲食を提供しない場合、厨房なくても可	飲食を提供しない場合、厨房なくても可	

具体的には、「受付台の長さが1.8m以上」等の要件は撤廃され、ICTの活用などによりセキュリティ面や本人確認の機能が代替できる場合は玄関帳場の設置が免除されるというものです（ただし、各都道府県の条例で帳場が必須のままの要件とされる可能性もあります）。なお、ICTの活用としては、たとえば、コンビニエンスストアなどにチェックインポイントを設け、そこで入手した電子鍵により玄関の鍵の開閉を行うスマートロックを活用することなどが挙げられます。

・無許可営業者等に対する規制の強化

従来、違法民泊（旅館営業の無許可営業）に対しては、旅館業法に定める「３万円の罰金」を科すという対処法しかなく、違法な民泊ビジネスの広がりを抑制する効果がありませんでした。仮に要件の厳しい許可を前提とせずに、比較的取り組みやすい住宅宿泊事業の届出制度ができても、違法民泊のリスクが低いと判断されては届出はなされず、違法民泊はなくなりませんので、旅館業法の改正に伴い、無許可旅館営業者等に対する罰金の上限額を３万円から100万円に、その他旅館業法に違反した者に対する罰金の上限額を２万円から50万円に引き上げることになりました。

また、これまで存在しなかった無許可旅館営業者に対する都道府県知事等による報告徴収や立入検査等の権限規定も追加されています。

・感染症防止対策や宿泊拒否に関する改正

2023年６月成立の改正旅館業法では、新型コロナウィルス感染拡大の経験も踏まえ、感染症の症状を呈している者への対応として、感染防止対策への協力を求めることができることや、他の宿泊者に対するサービスの提供を著しく阻害するおそれがある要求を繰り返す「特定要求行為」に該当する者への施設側に宿泊拒否ができるようになりました。従来は、宿泊者が伝染性などの疾病にかかっていると明らかに認められるとき以外は宿泊を拒んではならないとされてきたことを考えると、施設側に大きなアドバンテージが生まれる改正となっています。

◉ 法令に定められた設備基準

旅館営業では、許可を受けようとする区分ごとに、一定の基準を充たしていなければなりません。旅館業を管轄するのは、保健所です。これは旅館業というものが、宿泊者の滞在期間中の生活の基礎となる空間を提供することや、たくさんの人が出入りするため、衛生管理を怠ると大きな事故につながることがあるためです。したがって、旅館業に対しては法令に定められた構造基準や衛生基準があります。以下の内容は、各都道府県に共通して要求される簡易宿所の構造基準や衛生基準となっています。

なお、多くが抽象的な表現であり、具体的な数値等の詳細は条例によるため、都道府県ごとにかなり異なります。

■ 旅館業法改正の主な内容

種別	旅館・ホテル営業	⇒ ホテル営業・旅館営業の営業種別を統合
種別	客室数の最低数	⇒「ホテル10室以上、旅館５室以上」要件を撤廃
種別	客室の最低床面積	⇒ 洋式・和式の定めを撤廃
種別	寝具の種類・客室の境	⇒「洋室９㎡以上、和室７㎡以上」要件を撤廃
構造	採光・照明設備	⇒ 照明：数値基準を撤廃、採光：数値基準を緩和
構造	便所	⇒ 数値基準を撤廃
構造	入浴設備	⇒「元ホテル」の要件を緩和（元旅館要件に統一）
	玄関帳場	⇒ 数値規制は撤廃。ICT活用等による免除。
	罰則の強化	⇒ 罰金の引き上げ。都道府県知事等にの権限規定
	暴力団排除	⇒ 旅館業の欠格要件に暴力団排除規定等を追加

【簡易宿所の構造基準】

① 客室の延床面積は、33㎡（宿泊者数10人未満の場合は、宿泊者１人につき3.3㎡）以上である必要があります。
② 階層式寝台を有する場合は、上段と下段の間隔は、概ね１m以上である必要があります。
③ 適当な換気、採光、照明、防湿、排水の設備を有する必要があります。
④ 宿泊者の需要を満たすことができる規模の入浴設備を有する必要があります。
⑤ 宿泊者の需要を満たすことができる適当な規模の洗面設備を有する必要があります。
⑥ 適当な数の便所を有する必要があります。

【簡易宿所の衛生基準】

① 収容定員に応じて十分な広さを有し、清掃が容易に行える構造である必要があります。
② 客室の前面に空地があるなど衛生上支障がない場合を除いて、客室は、地階に設けることができません。また、窓のない客室も設けることができません。
③ 適当な規模の玄関、玄関帳場を設けることが望ましいとされています（帳場設置の有無は条例に委ねられています）。
④ 廊下・階層式寝台を置く客室の通路は、適当な幅を有する必要があります。
⑤ 浴室は主に、以下の基準を満たす必要があります。
ⓐ 浴室・脱衣場の内部が外から容易に見えないようにする必要があります。

ⓑ　清潔で衛生上支障のないよう清掃が容易に行える構造である必要があります。

ⓒ　共同浴室を設ける場合は、原則として男女別に分け、各１か所以上のものを有する必要があります。

ⓓ　浴槽・洗い場には、排水に支障が生じないよう適切な大きさの排水口を適当な位置に設ける必要があります。

⑥　洗面所は、宿泊者の利用しやすい位置に設け、十分な広さを有している必要があります。

⑦　トイレは、宿泊者等の利用しやすい位置に設け、適当な数を有する必要があります。共同便所を設ける場合は、男子用、女子用の別に分けて、適当な数を備え付けなければなりません。

⑧　適当な換気、採光、照明、防湿、排水の設備を有する必要があります。客室は、窓等により自然光線が十分に採光できる構造とし、照明設備は、施設内のそれぞれの場所で宿泊者の安全衛生上・業務上の必要な照度を満たすものである必要があります。

◉ その他、関連する法令について

人を宿泊させる事業を行おうとした場合、営業許可の取得について保健所を通して行えば、それだけで旅館業を営むことができると誤解されている例がたくさんあります（ここでは特区民泊や住宅宿泊事業法を考慮しないものとして説明します）。

しかし、厳密に言えば、保健所が所管とする旅館業法は、旅館業の業務の適正な運営の確保と公衆衛生の向上を目的とするにとどまり、旅館施設自体のリスクや、火災・地震等の災害による被害を軽減することなどが考慮されていません。

この旅館施設自体のリスクについて必要な法律が建築基準法であり、火災・地震等の対策として必要な法律が消防法です。

旅館業は宿泊者の健康面にとどまらず、命に関わることもある非常に責任の重い事業であることを認識し、建築基準法や消防法についてもしっかり理解しておきましょう。

その他、観光客等に対して、宿泊サービス以外に「運送サービス」や「旅行商品の企画・個々のサービスの手配」などをする場合には、旅行業法に基づく登録が必要になります。

さらに、旅館業によって排出されるゴミは産業廃棄物処理法に定める「廃棄物」に該当します。このことから、旅館業によって排出されるゴミを旅館業施設付近にある家庭ゴミと混ぜて自治体の回収に出すと産業廃棄物処理法違反となります。

産業廃棄物処理法に基づく許可を受けた業者にゴミ回収を依頼する必要がありますが、この際、産業廃棄物の収集運搬許可しか持たない業者に回収させることも違法です。事業から排出されるゴミは産業廃棄物処理法において、「一般廃棄物」と「産業廃棄物」に分かれているため、適切な処理業者（一般廃棄物収集運搬業者と産業廃棄物収集運搬業者）に委託しないと罰せられるわけです。

廃棄物の分類

廃棄物	市町村処理	一般廃棄物	・産業廃棄物以外の事業系のゴミ ・家庭ゴミ（一般ゴミ、粗大ゴミ） ・特別管理一般廃棄物 家庭電化製品のPCB使用部品、集塵（じん）施設に収集されたばい塵、感染性一般廃棄物など
	事業者処理	産業廃棄物	・事業系ゴミのうち政令で定められたゴミ 燃え殻、汚泥、廃油、廃プラスチック類など ・特別管理産業廃棄物 爆発性、毒性、感染性など人の健康や生活環境に被害を生ずるおそれがあるもの

2 住宅を旅館に変更するには

住宅宿泊事業法と異なり、住居からの用途変更となる

◉ 住宅を旅館に活用するということ

民泊ビジネスの収益性に注目が高まり、旅館業の許可取得が流行していましたが、実際には適法に旅館業を行えない物件も多く存在します。これは21ページにもあるように、旅館業の許可を取得するためには、施設が通常の住居よりもハードルの高い構造が求められるからに他なりません。

一方で、住宅宿泊事業法においては、住居を活用することが前提となっているため、このような心配はありませんが、営業可能日数が180日を越える場合は、どうしても旅館業許可の取得を目指すこととなります。特に、これから民泊を始めるために、市場に流通している住居から民泊用の物件を購入しようと考えている場合は、適さない物件が多くあることに注意が必要です。

言い換えれば、旅館業に適した物件とは、旅館業法だけでなく、建築基準法、消防法、都市計画法などの要件をクリアできる物件です。これから専用の建物を新築する場合であっても、中古物件を活用する場合であっても、共通する要件は多いので、ここでは、それぞれの法律を中心に基本的なポイントについて説明していきます。なお、これらの法律は自治体ごとの条例で緩和、あるいは強化されていることがありますので、あらかじめ管轄の窓口に確認する必要はあります。また、旅館業法や建築基準法、消防法以外にもバリアフリー法（条例）や、景観法（条例）など、細かい法令を遵守しなければならない場合もあります。

◉ 立地に関する条件

一番はじめに注意しなければならないのは、物件の立地条件です（ここでいう立地条件とは、集客のしやすさに関するものではなく、法律上、営業不可の規制があるか否かの条件）。都市計画法では、住居、商業、工業など地域の特性に基づき13種類の分類（247ページ）がなされていますが、このうち旅館業ができるのは「第一種住居地域、第二種住居地域、準住居地域、近隣商業地域、商業地域、準工業地域」の６種類の用途地域とされています。

ただし、上記以外であっても各自治体が特別用途地区など、用途制限を緩和している地域については、旅館営業を行うことができます。

なお、住宅宿泊事業法では、建物の用途が「居宅」のままで宿泊事業を行うことが前提とされているため、都市計画法上の住居専用地域や田園住居地域でも、条例の規制がない限り、宿泊事業を行うことが可能になります。

◉ どのような建物を旅館にできるか

住宅宿泊事業法では、マンションの一室などを民泊に活用する

■ 民泊営業手続きの難易度

厳しい

要件

旅館業法上の民泊（簡易宿所）	・旅館業法上の営業許可が必要。 ・建築基準法、消防法などの要件をクリアする必要がある。
特区民泊	・国家戦略特別区域内であり、かつ民泊条例が制定されている自治体であることが要件
住宅宿泊事業法上の民泊	・ホストや管理者が自治体へ届出をすれば民泊ビジネスを行うことができる。

やさしい

例も考えられますが、旅館業では、マンション一室のみを活用することは、玄関帳場（フロント）設置義務や、建物の用途変更手続き（200㎡以上の床面積を一定の事業等に用いる際に必要な建築基準法上の手続き）、消防設備などの課題があり、適法に行うのは、ほとんど不可能です。

このことから、現状、旅館業に適した物件は戸建てのみとなり、アパートやマンションについては、ワンフロア全体や一棟丸ごと旅館業に転用することになりますが、実際に都市部ではこのような事例も多く見られます。

◉ 用途変更と適法性

住居（居宅）として建てられた建物を旅館業に活用する場合、建築基準法上、「用途変更」という行為に該当します。よく用途を変更する面積が200㎡未満であれば、建築基準法上や消防法上の用途変更にはあたらないと誤解されるケースがありますが、これは「建築基準法上の確認申請」という手続きが法律上、不要とされている（免除されている）だけで、建築基準法や消防法に適合しなくてもよいわけではありません。

特にこれから中古物件を購入する場合、検討している物件が増改築されており、規定の建ぺい率（敷地面積に対する建築面積の割合）が超過していないか、あるいは容積率（敷地面積に対する建築延べ面積の割合）が超過していないかという点に注意する必要があります。また、建築確認申請のされていない増改築でないか、接道条件を満たさなくなっていないか（４m以上の道路に２m以上接しているか）などの確認が必要です。これらに該当する物件は違法建築物ですので、適法な営業をすることはできません。

一方で、現行法上では、建ぺい率や容積率を超過しているものの、新築時や建築確認申請時の法律では適法であった建物の場合は、既存不適格建築物と呼ばれ、用途変更などの確認申請をする際に建物全体を現行法令に適合させる必要があります。

◉ その他の確認事項

その他の確認事項には大きく分けて①玄関帳場設置可否、②水回り設備、③客室面積等があります。

①　玄関帳場設置可否

2016年の旅館業法改正により、宿泊客10人未満で体制整備できる場合、必須条件ではなくなりましたし、2018年の旅館業法改正によりICTを活用した非対面チェックインも認められるようになりましたが、今なお、自治体ごとに、玄関帳場（フロント）設置が前提とされてる例も多く見られます。

玄関帳場は、宿泊客が利用する空間から明確に区画されており、さらに客室を利用しようとする者が必ず通過し、その出入りを容易に視認することができる場所に設置する必要がありますので、簡単に言うと建物の入り口すぐの場所に自治体ごとに定められた面積以上確保できる物件でなければ、許可を取ることができません（京都市の場合、２㎡以上）。また、天井高さの２分の１以上開口部が必要などの要件がある自治体もあります。

②　水回り設備

水回り設備の主なものは、浴室、便所、洗面となります。多くの場合、浴室は浴槽付きで、浴室の前に脱衣所が備わっている必要があります。便所は収容人員ごとに個数が定められている自治体（５人ごとに一個など）や、東京都大田区のように最低２個としているもの、東京都品川区のように各階に男女別設置という厳格なものまであります。いずれの場合も、手洗いを設置する必要があり、東京都大田区のように、水タンク上の手洗いを認めない例もありますので、専用スペースを設けるのが望ましいといえます。

③　客室面積等

ホテル営業と比べると、民泊（簡易宿所）の場合、共用部の面積要件は厳格ではありませんが、客室や寝室については、厳格です。まず、客室の延床面積は、3.3㎡に宿泊者の数を乗じる面積以上なければなりません（３名の場合9.9㎡以上）。

さらに寝室面積（客室のうち、寝ることが可能な面積）は洋室の場合、１名につき３㎡以上、和室の場合、2.5㎡以上必要です。この面積には、設置された固定の机や扉の開閉スペースなどが除かれます。また、客室の窓面積として、合計客室面積の８分の１以上の広さがなければなりません。

■ 旅館業に適した物件かを判断する目安 ……………………………

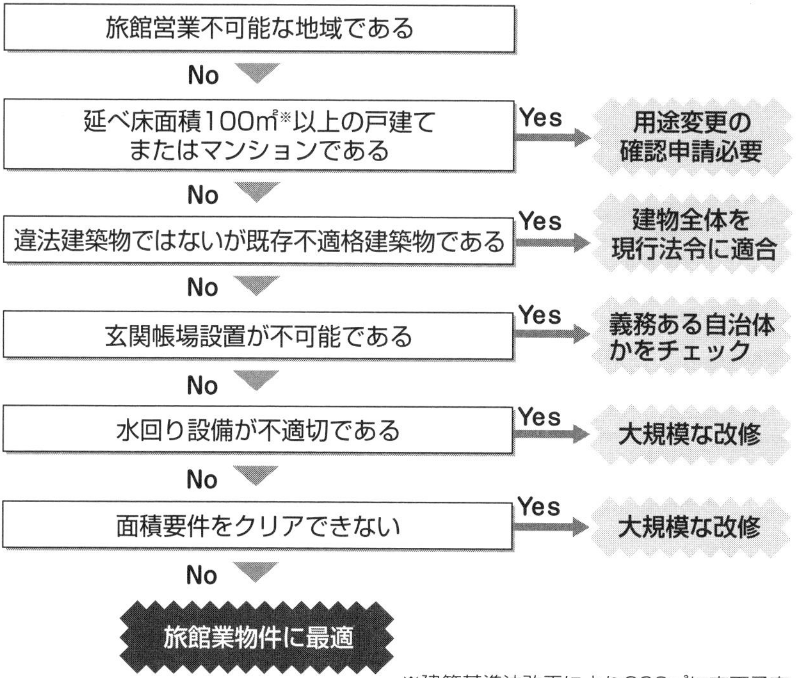

※建築基準法改正により200㎡に変更予定

Q 建築確認や用途変更では、どんなことをしなければならないのでしょうか。

A 建築確認とは、建築物が建築基準法や建物を建てる際のさまざまな規制を守っているかどうかを、建物を建てる前に行政が事前にチェックをする制度です。安全基準を充たしていない建築物により個人の生命や身体が脅かされる可能性があるため、基準を満たさない建物により不利益が生じないように建築確認が行われています。

また、すでに建築済の建物などが、建築時に建物用途以外の用途に利用する場合は、新しい用途の安全基準を充たすかについて確認する必要があるため、「用途変更の確認申請」が必要になります。

用途変更の例としては、「居宅」や「共同住宅」を「ホテルまたは旅館」に用途変更するケースです（ただし、住宅宿泊事業法では、建物用途を「居宅」や「共同住宅」のまま宿泊事業を行うことができます）。

建築確認は、建築主事や指定確認検査機関が行います。建築主事には、建築基準適合判定資格者で登録者のうち、都道府県知事や市町村長により任命された地方公共団体の職員がなります。指定確認検査機関とは、国や都道府県の指定を受け、建築確認ができる民間の団体のことです。都道府県は建築主事を置かなければなりません。

また、都道府県以外の地方公共団体も、政令で指定する人口25万人以上の都市であれば建築主事を置かなければなりません。

なお、よく用途面積が200㎡未満であれば、用途変更が不要であると誤解されることが多いのですが、200㎡未満でも用途変更に該当します。200㎡未満では、確認申請という手続きが不要になるだけですので、用途変更に合わせた安全基準への適合（建築基準法の遵守）が必要な点に変わりはありません。

Q 住宅を「ホテルまたは旅館」に用途変更する際の注意点について教えてください。

A 用途面積が200㎡未満であると200㎡以上であるとにかかわらず、「居宅」から「ホテルまたは旅館」に用途変更する場合は、多くの注意点が発生します。

自治体によって、若干の取扱いは異なりますが、「居宅」から「ホテルまたは旅館」に用途変更する場合、主に以下のような適合義務が課されます。

・耐火性能の確保
・排煙設備の設置
・非常用照明装置の設置
・階段の寸法、手すりの設置など
・廊下の幅
・間仕切壁の仕様（準耐火構造等の壁を天井裏まで達すること）
・面積等により２以上の直通階段設置

●建ぺい率や容積率の問題

用途変更によって新しい基準に適合させるのが困難になりやすいのが建ぺい率や容積率です。

建ぺい率とは、「敷地に対する建築面積の割合」で、容積率は「敷地面積に対する建築物の延べ面積の割合」です。

これらの割合は土地ごとに法的に定められています。たとえば、敷地面積が100㎡で建ぺい率が60%、容積率が100%と定められている地域にある建物を民泊に活用する場合、建築面積（建物を上から見たときの土地に対する建物の割合）が60㎡までの建物であるか確認しなければなりません。

また、２階建ての場合、各階の床面積が50㎡以内、３階建ての場合１階あたりの床面積が33㎡以内かを確認する必要があります。

「建ぺい率や容積率は土地ごとに決まっているのだから、超えているわけがない」と思いがちですが、古い建物の場合は、すでに建物が建ってから、建ぺい率や容積率に変更が加えられている既存不適各物件があります。

また、前の建物の所有者が建築確認をせずに行った増築などが建ぺい率や容積率を超えることになってしまった場合もあります（こちらは既存不適格ではなく、違法建築物です）。

東京都内であっても、大阪府内、京都市内などでは古い住宅が多い分、こういった建ぺい率・容積率オーバーの既存不適格建築物が結構たくさんあります。

住宅から宿泊施設に用途変更すると、たちまち違法建築物となってしまいますので、注意が必要です。まれに「元旅館業許可取得物件」という建物が安く流通していることがありますが、こういった建物は旅館業許可は取得できたものの、後から建築基準法違反の指導がなされることも多いといえます（保健所は建築基準法の適法性に関係なく、衛生基準のみ判断して許可を与えるためです）。

■ 建ぺい率と容積率のイメージ

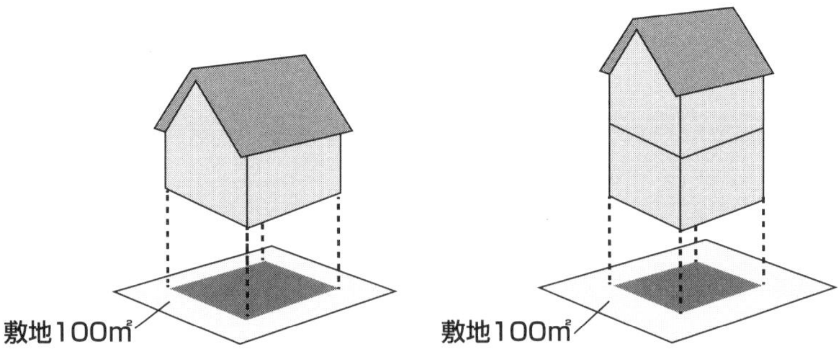

建ぺい率が 60% の場合
60 ㎡までの建築面積

容積率が 100% の場合
100 ㎡までの延べ面積

Q **民泊では接道義務が問題になると聞きました。どのような義務ですか。**

A 接道義務自体は、民泊に限らない話でもありますが、建築基準法では、ホテルや旅館などの建物は幅員４m以上の道路に２m以上面していることが求められています。

通常の住宅であれば、この条件を充たしていなくても、問題はありませんが、旅館業を営む際に建物が「居宅」から「ホテルまたは旅館」に用途が変更されるために接道義務が問題になります（住宅宿泊事業では、用途変更にあたりません）。

接道義務が課せられる理由は、道路が防災活動や避難活動の手段となることや、道路が日照・通風の確保等、生活をする上で重要な役割を担っているため、道幅も狭く、私道などの路地奥にあるような建物で旅館業を営むことはできません。

ただし、接道条件を満たしていない場合や、私道に接している路地奥にある建物であっても、自治体の条例などで例外的に旅館業が認められる場合もあります。たとえば、京都市では私道である路地の幅員が1.5m以上あり、1950年（昭和25年）５月以前から存在する建物等の一定の要件を充たせば旅館業が認められます。また、接道義務を考える際、建物が幅員４m以上の道路に２m以上面しているということ以外に、そもそも前面道路が、建築基準法上の道路に該当するか否かの確認も重要です。

道路の定義には、細かく言うと道路法に定める道路や、道路交通法に定める道路、刑法に定める道路など、さまざまなものがあるためです。

以下、建築基準法上の道路を個別に説明します。

①　１号道路

国道、都道府県道、市町村道、区道などを指します。これらは幅員が４m以上のものしかありません。公道がこれにあたります。

②　２号道路

都市計画法、土地区画整理法、都市再開発法など一定の法律に基づいて造られた道路です。必ずしも公道ではなく、私道の場合もあります。

③　３号道路

建築基準法施行時の1950年（昭和25年）11月23日にすでに幅員４m以上あった道路を指します。公道、私道を問いません。既存道路とも呼ばれます。

④　４号道路

都市計画法で２年以内に新設や変更の事業が予定されている道路を指します。都市計画道路ともいいます。

⑤　５号道路

民間が申請を行った結果、行政から位置の指定を受けて築造された道路を指します。位置指定道路ともいいます。

⑥　２項道路

道幅1.8m以上４m未満で建築基準法施行時に家が立ち並んでいた道で、一定条件の下、（建築主事）が指定した道路を指します。２項道路やみなし道路と呼びます。

■ 接道状況ごとの旅館業の可否

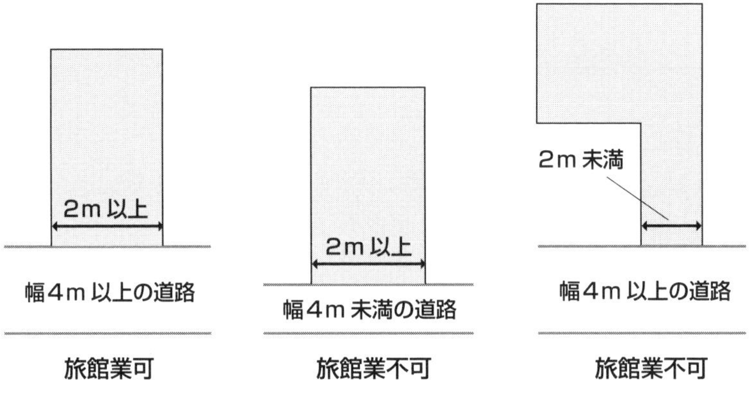

3 手続きの全体像と必要書類をおさえておこう

関係法令の基準をすべて充たすと許可を取得できる

◉ 旅館業許可手続きの流れは

民泊に最も活用されている旅館業法上の簡易宿所営業の許可を得るまでの大まかな流れは、①事前相談、②関係機関への照会・相談、③申請手続き、④建物の検査、⑤許可の取得という経過をたどります。もっとも、申請先の自治体により手続きの流れが異なりますので、事前の確認が必要です。

①　事前相談

簡易宿所営業の許可を取得するには、旅館業法だけでなく、建築基準法・都市計画法・消防法等の関係するすべての法令（自治体の条例を含みます）の基準を充たさなければなりません。申請先である保健所（保健センター）に加えて、各法令を所管する部署と事前に相談し、法令に適合するように建物の設備・構造の整備などを行いましょう。

事前相談の際には、簡易宿所営業を行う建物の図面などの資料を持参しましょう。たとえば、建築基準法の規制（前面道路や建物構造基準など）は各市区町村の建築審査課で、消防法の規制（自動火災報知設備や誘導灯の設置など）は建物所在地を管轄する消防署で相談ができます。

②　関係機関への照会・相談

申請を受理した保健所は、市区町村の建築審査課（建築指導課）、消防署、教育機関、都道府県庁などの関係部署に照会を行います。たとえば、消防署に照会を行った場合、消防関係法令等に適合する旨を確認すると、消防署は通知書（消防法令適合通知書）を交付します。

照会の結果、法令上の問題が判明したときは、保健所から追加の書類提出が求められることがあります。なお、建物所在地から100m ～ 200m以内（都道府県の条例により異なります）に学校等（幼稚園、小学校、児童が利用する図書館、公園など）がある場合は、許可申請の前に当該学校等に対しても意見照会を行い、了解を得る必要があります（照会自体は保健所等を介して行います）。

③　申請手続き

旅館業法上の許可権者は都道府県知事（建物所在地が保健所設置市または東京23区の場合は市長または区長）です。しかし、実務上は建物所在地を管轄する保健所（保健センター）が申請先となっていますので、保健所の担当部署に申請を行います。

④　建物の検査

関係部署への照会の次の段階は、消防署の職員や保健所の職員が、建物について法令上の基準に適合しているかどうかの現地調査になります。厳密な流れとしては、ⓐ消防署の手続き、ⓑ消防署の検査、ⓒ消防法令適合通知書交付、ⓓ保健所の手続き、ⓔ保健所の現地調査、となります。

⑤　許可の取得

以上の手続きを経て、関係するすべての法令（自治体の条例を含みます）の基準を充たしていると判断されると、保健所より簡易宿所営業の許可が下ります。

◉ どんな書類を提出するのか

簡易宿所営業の許可申請をするときに作成する申請書は「旅館業営業許可申請書」です。許可申請書に記載する主な事項は、①簡易宿所営業を行う建物（営業施設）の名称、②営業施設の所在地、③営業の種別（簡易宿所営業である旨を記載します）、④営業施設の構造設備の概要、⑤申請者に旅館業法違反該当の有無と該当するときはその内容、⑥建物の管理者の氏名です。

⑤に該当する場合、保健所は許可を与えないことができます。許可が下りないとゲストハウスや民泊を行えませんが、虚偽記載は公正証書原本不実記載罪（刑法157条）という犯罪になり得ますので、申告書は正確に書かなければなりません。

◉ 添付書類などについて

許可申請書の添付書類として提出する主な書類は、①付近見取図、②建物に関する各図面、③定款の写しや登記事項証明書、④消防法令適合通知書です。その他、自治体や建物所在地によっては、追加して提出すべき添付書類が生じる場合があります。また、申請手数料も自治体によって異なりますので（1～5万円台が多い）、事前の確認が必要です。

■ 旅館業法上の営業許可申請手続きの流れ ……………………

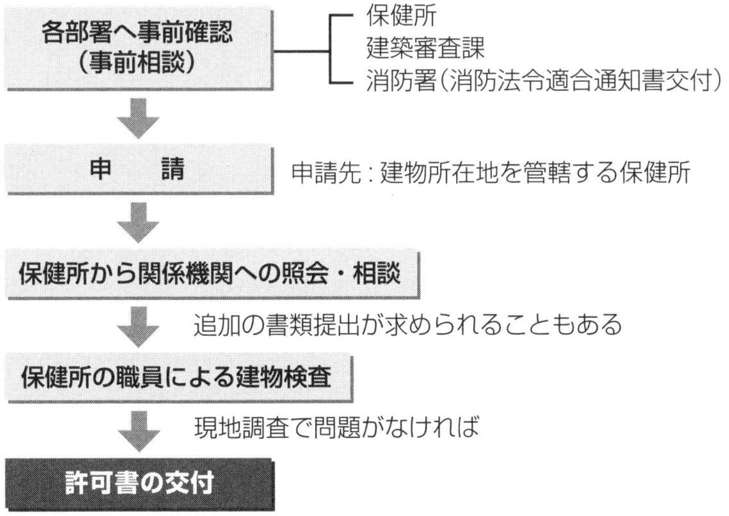

① 付近見取図

付近見取図とは、建物を中心にその周辺を示した地図のことです。簡易宿所営業の許可申請の際は、営業施設から半径200～300m以内の住宅、道路、学校などが記載された見取図を作成します。

② 建物に関する各図面

配置図（建物の配置や敷地との位置関係を示した図）、各階平面図（建物を上から見た図）、正面図（建物を前から見た図）、側面図（建物を横から見た図）を作成します。客室などにガス設備を設ける場合は自治体によってはガスの配管図の作成も必要です。

③ 定款の写しや登記事項証明書

申請者が法人である場合にのみ提出が義務付けられます。登記事項証明書は３か月以内に発行されたものを提出します。

④ 消防法令適合通知書

電気工事士や消防設備士などが、消防用設備等の設置を行い、消防用設備等設置届出を提出すると、防火対象物使用開始届を提出することができます。さらに、旅館業の場合は同時に消防法令適合通知書交付申請を行い、消防署の検査を受けることで、旅館業許可申請に必要な消防法令適合通知書が交付されます。事業者の方から要望しないと、電気工事士や消防設備士から消防法令適合通知書交付の手続きはしてもらえない場合がありますので、注意が必要です。

◉ 自治体ごとの条例改正

改正旅館業法は、2017年12月８日に成立し、同月15日に公布されましたが、法律の施行は2018年６月15日に住宅宿泊事業法の施行にあわせて行われました。

当時、改正旅館業法を前提とした旅館業法条例の改正を行っている自治体（都道府県や市町村）もありましたが、多くの自治体では2018年６月をめどに条例の改正を行っていきました。

改正旅館業法は多くの構造設備要件が緩和されたり、撤廃されており、これまで事業者の負担が大きかった玄関帳場の免除なども前提とされていますが、各自治体の条例では、必ずしもその意向に沿う必要はありません。従来の構造設備と同等の要件を維持する考えや、玄関帳場を変わらず求める姿勢を示す自治体などもあります。

旅館業法の改正により、客室５部屋に満たない施設であっても、旅館・ホテル営業の許可申請が可能とはなったのですが、実務上、施設を所管する自治体の構造設備要件を定める条例が改正されなければ、変わらず、民泊の旅館業区分は簡易宿所営業といえます。

■ 旅館業に関して条例が担う主な規制内容一覧

構造設備基準の内容	根拠法
換気、採光、証明、防湿、排水等の設備の設置	国の政令
入浴設備、洗面設備、便所の設置	国の政令
客室床面積に関する基準	国の政令
採光や照明の数値基準	自治体ごとの条例
洗面設備の設置数基準	自治体ごとの条例
便所の設置数基準、便器、男女別等の基準	自治体ごとの条例
浴室の設置数基準、浴槽、脱衣所の設置基準	自治体ごとの条例
調理室に関する基準	自治体ごとの条例
寝具に関する基準	自治体ごとの条例
玄関帳場設置有無・数値基準	自治体ごとの条例
客室出入口に関する基準	自治体ごとの条例

4 必要な書類と書き方を知っておこう

旅館業法上の簡易宿所の許可を取得するケース

◉ どんな書類を作成するのか

ここでは旅館業法上の簡易宿所の許可を取得して適法に民泊を行う場合を想定し、実際の許可申請手続きに必要となる主な書式の書き方を説明します。

各自治体によって様式や添付書類は異なります。ここでは国際観光都市であり全国からも民泊ビジネス参入候補地として注目されやすい京都市に対する申請を例に書類の内容や作成方法を解説します。ここで紹介する例でイメージをもっておき、実際の申請の際は必ず事前に事業を行おうとする所在地を管轄する保健所などに必要書類や様式の確認をしましょう。

旅館業許可申請書（書式1、194ページ）

旅館業許可申請書は、主に許可申請者の詳細や構造設備の概要などを記載する様式です。自治体によっては、敷地面積や建物の建築面積、使用する面積など登記事項に記載されている情報を転記する場合もあります。

また、管理者（申請者ではなく、実際に宿泊施設を管理する担当者）の詳細を記載する場合もあります。

①　申請者欄

申請者の詳細を記載します。法人の場合は、名称（商号）だけではなく、代表者名も併記します。定款や登記事項証明書をあわせて提出する必要があります。

②　「営業施設の名称・所在地」

施設の名称に決まりはありません。実際に看板等に表示する名称を記載します。施設の所在地は必ず登記事項に記載されているとおりに転記します（「１－２－３」と普段記載している住所は、登記事項では、「１丁目２番地３号」や「１丁目２番３号」などと記載されていることが多いようです）。

③　旅館業法施行規則第５条第１項の該当の有無

簡易宿所営業を行う場合でも、季節的に一時営業するものや、交通が著しく不便な地域にある場合などは「有」となります。

④　管理者

旅館業法では、住宅宿泊事業法とは異なり、現在のところ、管理者に関する距離制限はありませんが、京都市の場合、施設内に常駐する場合や、京町家などの例を除き、営業施設から10分以内（ガイドラインでは、半径800m以内）に施設外帳場を設けたり、住所を有する駆け付け人（使用人）を設置する必要があります（189ページ）。

ただし、この申請欄に記載する管理者が必ずしも、施設外帳場や駆け付け人の住所や氏名（会社名）である必要はありません。

⑤　構造設備の概要

京都市の旅館業許可申請書では、（第２面～４面）にも同様の「構造設備の概要」という項目がありますが、ここでは大まかな「敷地面積」や「建築面積・延べ面積」「構造」「客室概要」などを記載します。

客室概要については、実際に平面図（書式８）や面積算定図（書式９、書式10）などから導いた客室数や面積を記載する必要がありますが、「建築面積・延べ面積」「構造」などは基本的には登記事項証明書通りに記載します（ただし、実測値との乖離《かいり》が大きい場合は、実測値を記載し、窓口で説明が必要な場合があります）。

⑥　旅館業の譲受け

許可を受けている個人がなくなった場合の許可権の相続（承継）や、法人の場合の会社分割などの場合に「旅館業の譲受け」欄を利用することがあります。

なお、2023年の旅館業法の一部改正により、従来では認められなかった「事業譲渡による承継」もできるようになりました。

申請者に関する事項（第１面）（書式2、195ページ）

申請者が個人の場合は最上部に、申請者が法人の場合は「役員に関する事項」に（法人の場合はすべての役員に関する）「指名」「フリガナ」「住所」「生年月日」を記載します。

構造設備の概要（第2～4面）（書式3・4・5、196 ～ 198ページ）

構造設備の概要は、実際の宿泊施設の詳細について、旅館業法などの構造設備基準をクリアしていることを示す書類です。

①　ロビー、玄関帳場

本事例は京都の民泊に多い「京町家（帳場が免除される特例）」を事例としていますが、申請の区分が「旅館・ホテル営業」の場合はロビーを「有」にして面積を記載します。

Point 解説　事業譲渡と会社分割の違い

本文にもある通り、2023年の旅館業法改正までは、事業譲渡による許可の承継はできませんでした。いずれも、事業の一部または全体を別の主体に移転する手法ですが、その方法と目的に大きな違いがあります。

事業譲渡は、売り手はその事業に関する資産や人材を個別に移転し、対価を受け取る方法です。この手法では、特定の事業を移転する取引行為であり、譲渡の対価は金銭です。このことから、課税も消費税となります。

一方、会社分割は企業組織再編の手法で、既存の会社を事業ごとに分割し、その一部を新設または既存の別の会社に引き継ぐもので、譲渡の対価は基本的に株式です。また、分割された事業は包括的に移転されるので、不要な資産や負債、簿外債務も含めて引き継がれます。課税では、譲渡益に対する法人税が発生します。

このように、事業譲渡は個別の資産や事業部門の売買に関わる取引行為であり、会社分割は会社の構造を再編する手法で、それぞれ異なる目的と税務上の影響を持っています。

続いて「旅館・ホテル営業」や、「簡易宿所（京町家以外)」の場合は、玄関帳場の構造（詳細は193ページ）を記載します。

施設内に管理者が常駐する場合は「施設内玄関帳場」の「有」、

京町家特例の場合は「条例第10条第２項適用施設」の「該当あり」にそれぞれチェックを入れます。

「玄関帳場代替設備」というのは、管理者が施設内に常駐するものの、玄関帳場を設置せずに、カメラやタブレットなどによるやり取りと管理をするICT設備を設ける場合（193ページ）に「有」となります。

「施設外玄関帳場」というのは京都市独自のルールで、上記のいずれにも該当しない場合に、施設から徒歩10分（800m以内）にある別の玄関帳場施設に委託し、そちらでチェックイン対応などを行う方法です。

以上を踏まえて、「京町家特例」と「玄関帳場代替設備」以外は「帳場の構造」欄に帳場の概要を記載します。

②　使用人

使用人とは、ゲストや近隣住民からの緊急対応を行う者を指します。

京都市では、管理者が２施設以上の民泊を管理する場合には、常時管理する者とは別の使用人を選任しなければなりません。

この使用人も施設外帳場と同じく施設から徒歩10分（800m以内）の住所に常駐する者でなければなりません。

③　客室

平面図（書式８）や面積算定図（書式９、10）などから導いた客室数や面積の詳細を記載します。中部は階ごとに記載し、最上部と最下部はすべての合計を記載します。

客室数が多い場合で、同タイプの客室が存在するときは、「○階（Aタイプ)」などとしておくとよいでしょう。

ところで、旅館業法による民泊の場合、戸建ての建物全体（帳場等を除く）を客室と捉える「一棟貸し」という考え方と、従来からのゲストハウスに見られる複数人が１つの空間に宿泊をする客室を個別に設ける考え方があります。

それぞれの解釈は自治体ごとに差異がありますので、あらかじめ管轄の窓口に相談する必要があります。本事例では、戸建ての建物全体を客室と捉える「一棟貸し」の場合を想定しています。

定員の計算方法は、客室面積、寝室面積を自治体ごとの条例で決められた㎡数で除算することで導きます。ただし、現行法では、定員ごとに浴室、便所、洗面などの数が定められており、本事例では、便所や洗面の基準（５名につき１個）という京都の基準を想定しています（京都市の場合はさらに、１棟貸しの場合の定員は建物全体で最大９名という基準もあります）。

④　洗面

洗面で使用している水の種類や滅菌装置使用の有無を選択します。小規模受水槽水道を選択した場合は、建物配置図（書式７）にて実際の小規模受水槽の位置を示す必要があります。

また、その他の水を選択する場合は、水質検査結果の写しを添付する必要があります。なお、施設の階ごとに「共用」や「個室」ごとの洗面の数を「湯栓」「水栓」「混合栓」に分けて記載します。

⑤　便所

便所の形式を選択し、階ごとの便所の数を「共用」「個室」ごとに記載します。自治体ごとの条例では収容人員ごとに便所の数や、男女の別など、厳格な基準が課されていることがあるので、注意が必要です（一棟貸しの場合はすべての便所が「個室」扱いとなります）。

⑥　浴室

浴室や便所等の設備の形式を選択し、それぞれの詳細を「共用」「個室」ごとに記載します。入浴設備に循環ろ過装置がある場合は循環ろ過の概略図面を添付する必要があります（一棟貸しの場合はすべての浴室が「個室」扱いとなります）。

そうでない場合は、毎回、浴槽の水を交換するはずですので「浴槽湯水の消毒方法」の欄に「使用の都度　換水」にチェックしておきます。その他、使用水については②洗面と同様です。

⑦　排水

排水について、下水か浄化槽かなどを選択します。

⑧　寝具

寝具は洋式（ベッド）の場合は、必ず収容人員ごとに設置しておき、和室（布団）の場合は、収容人員ごと押し入れなどに用意しておく必要があります。また、本事例のように、浴衣などについてゲストの持ち込みによるのかなどを記載させる自治体もあります。

周辺見取図（書式6、199ページ）

申請する宿泊施設の周辺を示した図面です。自治体によって宿泊施設を中心に半径200m以内を見取れるものや、半径300m以内を見取れるものなど、求められる周辺見取図の内容が異なります。

本事例のように条例で定められた半径（京都市の場合110m）の範囲を円で明示しなければならない場合もあります。

この際、実際には半径110m以内に学校等（幼稚園、小学校、児童が利用する図書館、公園など）の施設が存在するのに、周辺見取図では記載が省略されていることがないよう注意が必要です。

建物の配置図（書式7、200ページ）

建物の一部を宿泊施設とする場合は、建物全体と申請する部分に位置関係を明示した図面を作成します。

自治体によっては、提出不要なこともありますが、提出が必要となる自治体の場合は、書式7のように隣接する建物を含めて作成するとよいでしょう。なお、京都市では配置図に避難通路の幅を記載することが求められます。

建物の各階平面図（書式8、201ページ）

申請する施設の各階平面図を作成します。多くの自治体では、平面図に縮尺、「水栓、換気扇」など、必要設備の位置を示すことが求められます。

また、京都市の場合で、申請区分が「玄関帳場代替設備」「施設外玄関帳場」「京町家特例」の場合は、固定電話やゲストの顔の識別ができるカメラの設置位置を記載する必要があります。

客室面積の算定図（書式9、202ページ）

構造設備の概要（書式4）に記載する客室面積をどのように導いたか根拠を正確に示す必要があります。旅館業の許可では、面積の算定にあたり、一般的な壁芯を基準とするのではなく、内のりで算定するため注意が必要です。

客室面積とは、共用部分を除く浴室、便所、洗面所、寝室、その他の宿泊者が通常立ち入る部分の合計床面積をいいます。

客室床面積の算定では、通常は立ち入らないクローゼット等の収納部分や床の間などを除外して算出します。

寝室面積の算定図（書式10、203ページ）

構造設備の概要（書式4）に記載する寝室面積（有効面積）をどのように導いたか根拠を正確に示す必要があります。

寝室面積（有効面積）とは、客室面積のうち、宿泊者が睡眠、休憩等に利用する部分の合計床面積をいいます。したがって、浴室や便所などは含みません。自治体によっては開き戸の扉が通過する床部分を寝室面積（有効面積）から除外しなければならない場合があります（本事例のように京都市は除外が必要なケースです）。

建物の正面図（書式11、204ページ）

宿泊施設を正面から見た図面を作成します。立面図と呼ばれることもあります。建物の意匠や窓の位置、看板の位置などが特に重要です。自治体によっては背面図も必要になることがあります。

建物の側面図（書式12、205ページ）

正面図同様、建物の意匠や窓の位置が重要になります。民泊の場合、建築時の図面が残っていないこともあり、すでに隣接の建物があって正確な側面図が作成できない場合がありますが、意匠や窓の位置などが明示できればよいでしょう。

玄関帳場の構造を明らかにした図面（書式13、206ページ）

玄関帳場の要件は各自治体の条例に定められていますが、概ね「玄関から容易に見えること」や「宿泊者等のすべてが必ず通過する場所に設けられていること」という２つの要件を充たす必要があります。本事例は京都の民泊に多い「京町家（帳場が免除される特例）」を事例としていますが、参考として「玄関帳場の構造を明らかにした図面」を掲載しておきます。

なお、京都市のように「カウンターの高さが床から天井までの高さの２分の１以下であること」という具体的な基準を定めている場合や東京都大田区のように「客の上半身を確認できる構造」と抽象的に定めている場合もあります。

このような場合、書式13のように、建物に関する図面以外に玄関帳場構造を示す図面を添付する必要がある場合があります。

なお、自治体によっては、条例によって玄関帳場に関する設置義務を免除している例がありますので、その場合は、玄関帳場の設置を免れるために「セキュリティ面や本人確認の機能をICTの活用により代替えすることができることを証する資料」を添付する必要が生じます（京都市のICT活用は玄関帳場の設置免除はされますが、管理者の駐在は施設内である必要があります）。

書式1　旅館業許可申請書

第１号様式（第３条関係）

旅　館　業　許　可　申　請　書

（宛先）京都市長	○○○○年　○月　○日
申請者の住所（法人にあっては、主たる事務所の所在地） 京都市下京区○○町 ○○番地○○	申請者の氏名（法人にあっては、名称及び代表者名） 株式会社　井口屋 代表取締役　井口 真助 年　月　日生 電話 075 － 000-000

旅館業法第３条第１項の規定により旅館業の許可を申請します。			
※営業の種別			☐旅館・ホテル営業　☑簡易宿所営業　☐下宿営業
営業施設	名称		宿屋　おうみ　電話 075 － 000-000
	所在地		京都市　中京　区　河原町通蛸薬師下る△△町○○○番地
	※旅館業法施行規則（以下「規則」という。）第5条第1項の該当の有無		☐ 有　☑ 無
管理者	氏名		山本　藤吉　電話 090－0000-0000
	住所		京都市中京区河原町通三条下る○○町○○番地
欠格条項	該当者		☐ 有　（☐申請者　☐業務を行う役員）　☑ 無
	内容		
※構造設備の概要	敷地面積		69.02　平方メートル
	建物	建築面積	53.47　平方メートル
		延べ面積	84.64　平方メートル （うち申請部分の面積　平方メートル）
		構造	木　造　2　階建て　1　棟
	客室	客室数	1　室
		延べ面積	19.55　平方メートル
旅館業の譲受け	譲受けの有無		☐ 有　（許可の年月日及び番号　年　月　日　第　号）　☑ 無
	変更の有無		☐ 有　（規則第１条第１項　☐ 第３号　☐ 第４号　☐ 第５号）　☑ 無

注１　※印の欄は、旅館業を譲り受けた場合で、規則第１条第１項第３号から第５号までのいずれかに該当する事項に変更がないときは、当該事項について記入する必要はありません。
　２　該当する☐には、レ印を記入してください。
　３　変更の有無の欄は、旅館業を譲り受けた場合にのみ記入してください。

参考事項	収受印 保健福祉局	申請書点検済	手数料徴収済
		月　日	円

書式2 申請者に関する事項（第１面）

第１号様式（法第３条第１項関係）

（第１面）

申請者に関する事項（申請者が個人である場合）				
	氏 名(ﾌﾘｶﾞﾅ)	(ﾌﾘｶﾞﾅ　)		
	住　所			
	生 年 月 日	年　月　日	性　別	
役員に関する事項（申請者が法人である場合）				
1	氏 名(ﾌﾘｶﾞﾅ)	井口 真助　(ﾌﾘｶﾞﾅ イグチ シンスケ)		
	役 職 名	代表取締役		
	生 年 月 日	○○○○ 年 ○ 月 ○ 日	性　別	男
2	氏 名(ﾌﾘｶﾞﾅ)	(ﾌﾘｶﾞﾅ　)		
	役 職 名			
	生 年 月 日	年　月　日	性　別	
3	氏 名(ﾌﾘｶﾞﾅ)	(ﾌﾘｶﾞﾅ　)		
	役 職 名			
	生 年 月 日	年　月　日	性　別	
4	氏 名(ﾌﾘｶﾞﾅ)	(ﾌﾘｶﾞﾅ　)		
	役 職 名			
	生 年 月 日	年　月　日	性　別	
5	氏 名(ﾌﾘｶﾞﾅ)	(ﾌﾘｶﾞﾅ　)		
	役 職 名			
	生 年 月 日	年　月　日	性　別	
6	氏 名(ﾌﾘｶﾞﾅ)	(ﾌﾘｶﾞﾅ　)		
	役 職 名			
	生 年 月 日	年　月　日	性　別	
7	氏 名(ﾌﾘｶﾞﾅ)	(ﾌﾘｶﾞﾅ　)		
	役 職 名			
	生 年 月 日	年　月　日	性　別	

【旅館業法（第３条第２項抜粋）】

都道府県知事は、前項の許可の申請があつた場合において、（中略）申請者が次の各号のいずれかに該当するときは、同項の許可を与えないことができる。

⑴　心身の故障により旅館業を適正に行うことができない者として厚生労働省令で定めるもの
⑵　破産手続開始の決定を受けて復権を得ない者
⑶　禁錮以上の刑に処せられ、又はこの法律若しくはこの法律に基づく処分に違反して罰金以下の刑に処せられ、その執行を終わり、又は執行を受けることがなくなつた日から起算して３年を経過していない者
⑷　第８条の規定により許可を取り消され、取消しの日から起算して３年を経過していない者
⑸　暴力団員による不当な行為の防止等に関する法律（平成３年法律第７７号）第２条第６号に規定する暴力団員又は同号に規定する暴力団員でなくなつた日から起算して５年を経過しない者（第８号において「暴力団員等」という。）
⑹　営業に関し成年者と同一の行為能力を有しない未成年者でその法定代理人（法定代理人が法人である場合においては、その役員を含む。）が前各号のいずれかに該当するもの
⑺　法人であつて、その業務を行う役員のうちに第１号から第５号までのいずれかに該当する者があるもの
⑻　暴力団員等がその事業活動を支配する者

書式3　構造設備の概要１（第２面）

（第２面）

<table>
<tr><th colspan="6">構　造　設　備　の　概　要</th></tr>
<tr><td>ロビー</td><td colspan="1">□　有
☑　無</td><td colspan="4">平方メートル</td></tr>
<tr><td rowspan="10">玄関帳場</td><td>施設内玄関帳場</td><td colspan="4">□　有　☑　無</td></tr>
<tr><td rowspan="2">玄関帳場代替設備</td><td colspan="4">□　有　☑　無</td></tr>
<tr><td colspan="4">ア　□ビデオカメラ　□その他の機器（　　　　）
イ　□テレビ電話　□タブレット端末　□その他の機器（　　　　）</td></tr>
<tr><td rowspan="5">施設外玄関帳場</td><td colspan="4">□　有　（□　旅館業施設　□　その他）　☑　無</td></tr>
<tr><td colspan="4">※旅館業施設の場合
（施設名称）
（許可番号）　　　　（許可年月日）</td></tr>
<tr><td colspan="4">※その他の場合
（運営者）　　　　（電話）</td></tr>
<tr><td>設置場所</td><td colspan="3">京都市　　　区</td></tr>
<tr><td>管理する施設</td><td colspan="3">施設数：　　施設　・　収容定員：　　名</td></tr>
<tr><td>条例第１０条第２項適用施設</td><td colspan="4">☑　該当あり　□　該当なし</td></tr>
<tr><td rowspan="3">（帳場の構造）</td><td rowspan="2">面　積</td><td rowspan="2">平方メートル</td><td>受付台</td><td>床面からの高さ　メートル
幅　メートル
奥　行　メートル</td></tr>
<tr><td>開放部</td><td>鉛　直　メートル
水　平　メートル</td></tr>
<tr><td>付帯設備</td><td colspan="3">□控室　□便所　□その他（　　　　）</td></tr>
</table>

<table>
<tr><th colspan="2">使　用　人</th></tr>
<tr><td>氏　名</td><td>山本　藤吉　　電話　090－○○○○－○○○○</td></tr>
<tr><td>駐在場所</td><td>□　営業施設
□　施設外玄関帳場
☑　駐在場所（京都市中京区河原町通三条下る○○町○○番地）</td></tr>
<tr><td>専任兼任の別</td><td>☑　専任
□　兼任（本申請施設を含め　　　施設（申請中を含む））</td></tr>
</table>

注１　該当する□には、レ印を記入してください。
２　条例とは、京都市旅館業法の施行及び旅館業の適正な運営を確保するための措置に関する条例のことです。
３　施設外玄関帳場を設置する場合、当該帳場で管理する全ての施設の名称、所在地、営業者名等を記載した資料を添付してください。
４　帳場の構造について、施設内玄関帳場又は施設外玄関帳場のいずれかを設置する場合は記載してください。
５　使用人の欄は、条例第１５条第１３項の規定により駐在する者（個人に限る。）を記載してください。ただし、当該使用人が、法人の使用人その他の従業者である場合にあっては、当該法人の名称を併記してください。
６　使用人が複数の施設の管理を兼任する場合、当該使用人が管理する全ての施設の名称、所在地、営業者名等を記載した資料を添付してください。

書式4　構造設備の概要2（第3面）

（第3面）

	階数	床面積	寝室面積	窓面積	室数	定員	寝具の種類	備考
客室	階	53.47 平方メートル	36.45 平方メートル	9.89 平方メートル	1 室	8 名	☑和寝具 8 枚 □寝台（S） 台 □寝台（W） 台 □階層式寝台 台	
	1 階	平方メートル	14.43 平方メートル	平方メートル	室	4 名	☑和寝具 4 枚 □寝台（S） 台 □寝台（W） 台 □階層式寝台 台	A
	2 階	平方メートル	10.44 平方メートル	平方メートル	室	2 名	☑和寝具 2 枚 □寝台（S） 台 □寝台（W） 台 □階層式寝台 台	B
	2 階	平方メートル	11.58 平方メートル	平方メートル	室	2 名	☑和寝具 2 枚 □寝台（S） 台 □寝台（W） 台 □階層式寝台 台	C
	階	平方メートル	平方メートル	平方メートル	室	名	□和寝具 枚 □寝台（S） 台 □寝台（W） 台 □階層式寝台 台	
	階	平方メートル	平方メートル	平方メートル	室	名	□和寝具 枚 □寝台（S） 台 □寝台（W） 台 □階層式寝台 台	
	階	平方メートル	平方メートル	平方メートル	室	名	□和寝具 枚 □寝台（S） 台 □寝台（W） 台 □階層式寝台 台	
	階	平方メートル	平方メートル	平方メートル	室	名	□和寝具 枚 □寝台（S） 台 □寝台（W） 台 □階層式寝台 台	
	階	平方メートル	平方メートル	平方メートル	室	名	□和寝具 枚 □寝台（S） 台 □寝台（W） 台 □階層式寝台 台	
	階	平方メートル	平方メートル	平方メートル	室	名	□和寝具 枚 □寝台（S） 台 □寝台（W） 台 □階層式寝台 台	
	階	平方メートル	平方メートル	平方メートル	室	名	□和寝具 枚 □寝台（S） 台 □寝台（W） 台 □階層式寝台 台	
	階	平方メートル	平方メートル	平方メートル	室	名	□和寝具 枚 □寝台（S） 台 □寝台（W） 台 □階層式寝台 台	
合計		53.47 平方メートル			1 室	8 名	☑和寝具 8 枚 □寝台（S） 台 □寝台（W） 台 □階層式寝台 台	

注1　該当する□には、レ印を記入してください。
　2　寝台（S）は一人用ベッド、寝台（W）は二人用ベッドを示しています。
　3　部屋タイプ等については備考欄に記載してください。

書式5 構造設備の概要3（第4面）

（第4面）

洗面	使用水	☑上水直圧　□小規模貯水槽水道　□簡易専用水道　□専用水道 □井戸水　□その他（　　　）							
	滅菌装置	□有　☑無							
	階数	共用				個室			
		箇所数	カラン（個数）			箇所数	カラン（個数）		
			湯栓	水栓	混合栓		湯栓	水栓	混合栓
	1階					1			1
	階								
	階								
	階								
	階								
	階								
	階								
	合計					1			1

便所	排水処理	☑下水　□浄化槽　□その他（　　　）											
	階数	共用						個室					
		箇所数	大	小	兼用	座便	手洗	箇所数	大	小	兼用	座便	手洗
	1階							1				1	1
	2階							2				2	2
	階												
	階												
	階												
	階												
	階												
	合計							3				3	3

入浴施設	加熱形式	☑送り湯式　□直沸式　□その他（　　　）	
	区分	共用	☑浴槽　1　箇所（男　箇所・女　箇所）・脱衣室　1　箇所 □シャワー室　箇所（男　箇所・女　箇所）・脱衣室　箇所 ☑無
			循環ろ過装置　□有（系統の数：　　　）　☑無
		個室	□浴槽　箇所　・　脱衣室　箇所 □シャワー室　箇所　・　脱衣室　箇所 □無
			循環ろ過装置　□有（系統の数：　　　）　☑無
	浴槽湯水の消毒方法		☑使用の都度換水　□その他（　　　）
	使用水	浴槽湯水	☑上水直圧　□小規模貯水槽水道　□簡易専用水道　□専用水道 □井戸水　□その他（　　　）
		上り用湯水	☑上水直圧　□小規模貯水槽水道　□簡易専用水道　□専用水道 □井戸水　□その他（　　　）
		打たせ湯（水）	□上水直圧　□小規模貯水槽水道　□簡易専用水道　□専用水道 □井戸水　□その他（　　　）
	気泡発生装置等の有無		□有　☑無
排水	排水処理	☑下水　□浄化槽　□その他（　　　）	
備考	浴衣はゲスト持込による		

注1　該当する□には、レ印を記入してください。
　2　ユニットバス等において洗面を手洗と兼用している場合には、洗面欄のみに個数を記入してください。
　3　ユニットシャワーについてはシャワー室に計上してください。

書式6 周辺見取図

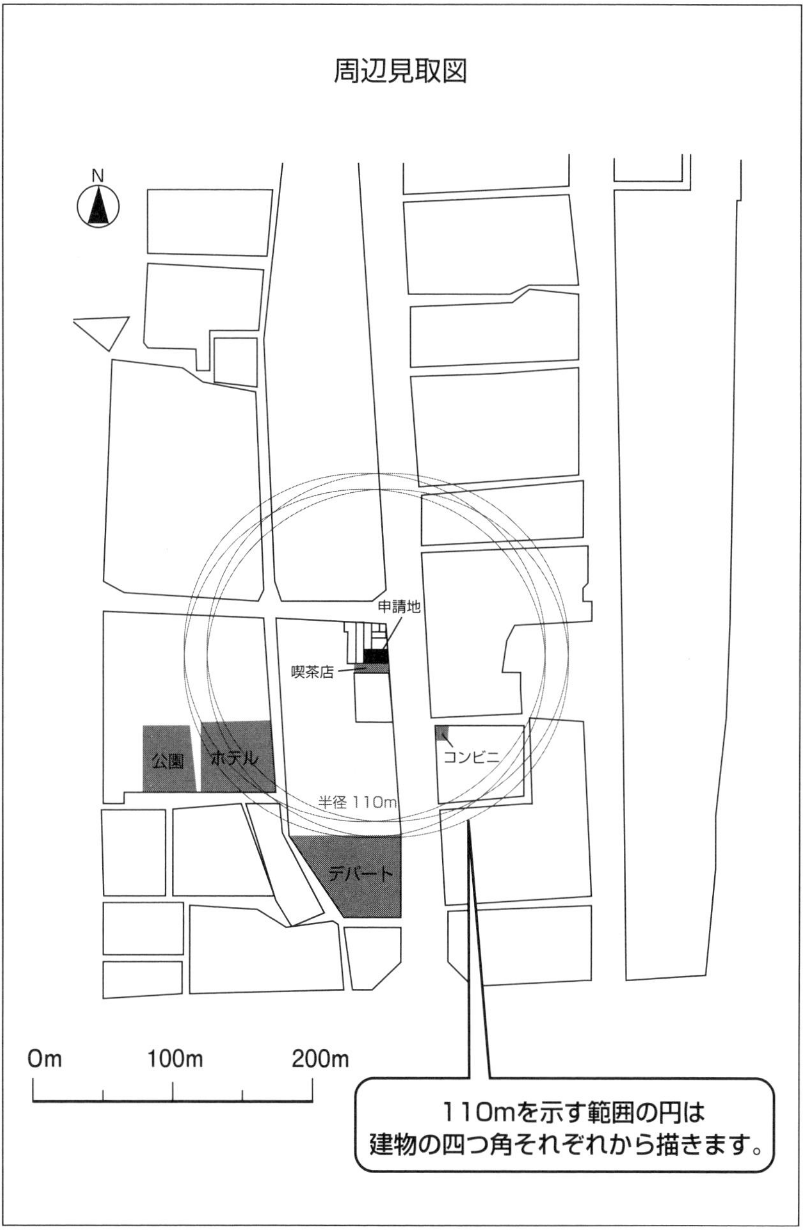

周辺見取図
N
申請地
喫茶店
公園
ホテル
半径 110m
コンビニ
デパート
0m
100m
200m
110mを示す範囲の円は
建物の四つ角それぞれから描きます。

書式7　建物の配置図

建物配置図

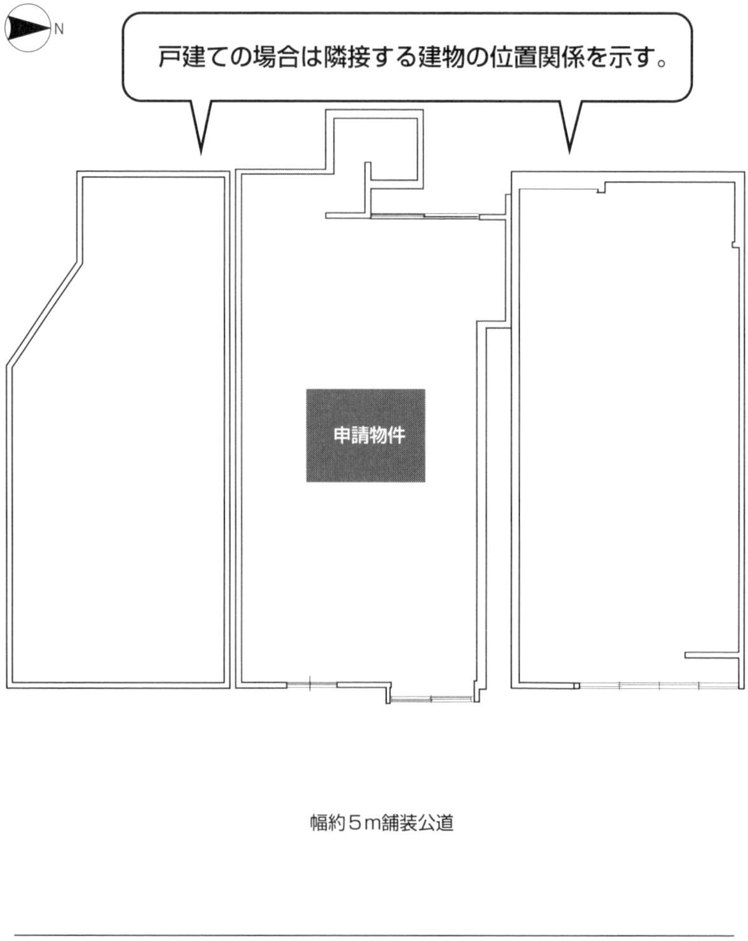

書式8　建物の各階平面図

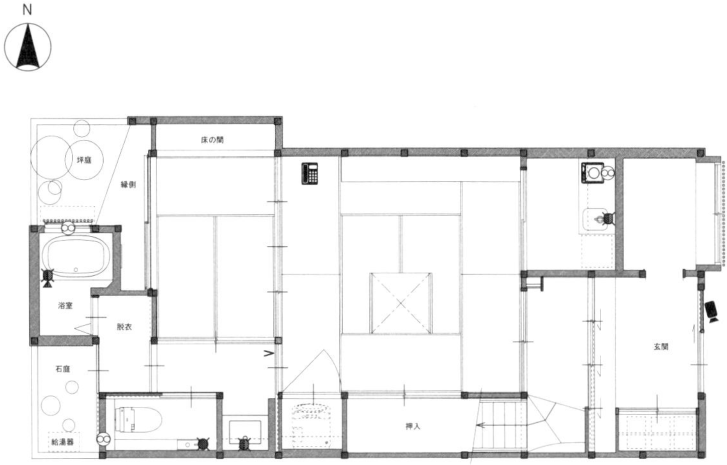

1階平面図

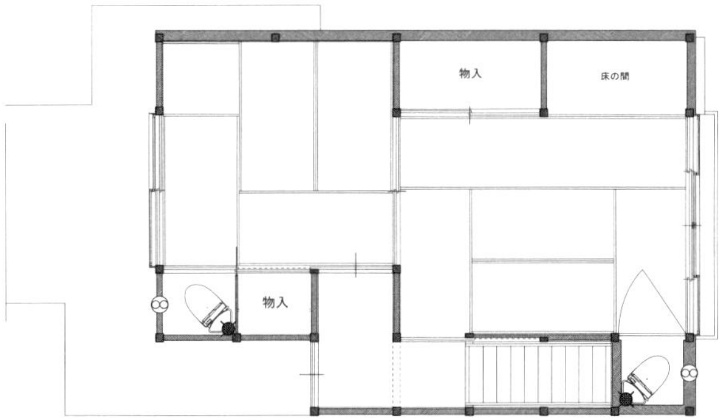

2階平面図

面積算定図

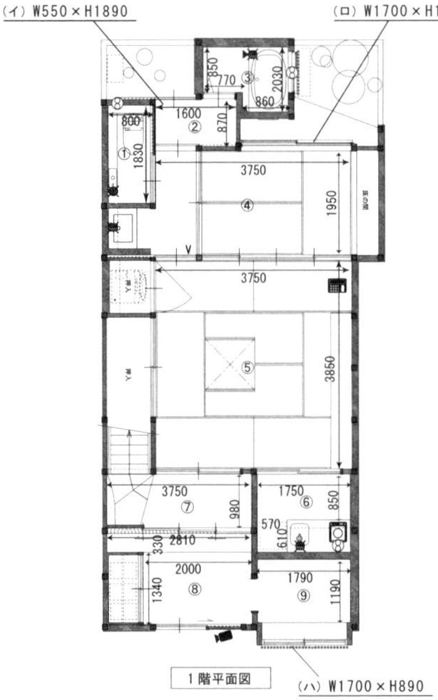

1階平面図

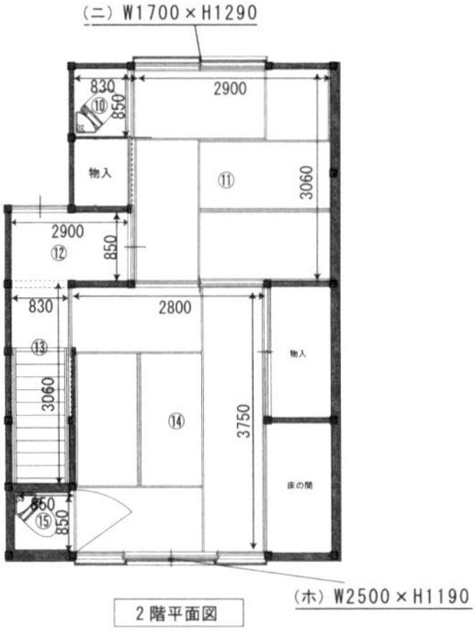

2階平面図

客室床面積

① 0.80×1.83 = 1.46㎡
② 1.60×0.87 = 1.39㎡
③ 0.77×0.85 = 0.65㎡
0.86×1.20 = 1.03㎡
④ 3.75×1.95 = 7.31㎡
⑤ 3.75×3.85 =14.43㎡
⑥ 1.75×0.85 = 1.48㎡
0.57×0.61 = 0.34㎡
⑦ 3.75×0.98 = 2.74㎡
⑧ 2.81×0.33 = 0.92㎡
2.00×1.34 = 2.68㎡
⑩ 1.79×1.19 = 2.13㎡
⑪ 0.83×0.85 = 0.70㎡
⑫ 2.90×0.85 = 2.46㎡
⑬ 0.83×3.06 = 2.53㎡
⑭ 2.80×3.75 =10.50㎡
⑮ 0.85×0.85 = 0.72㎡

客室面積合計 53.47㎡

採光面積

（イ） 0.55×1.89 = 1.03㎡
（ロ） 1.70×1.29 = 2.19㎡
（ハ） 1.7×0.89 = 1.51㎡
（ニ） 1.7×1.29 = 2.19㎡
（ホ） 2.5×1.19 = 2.97㎡

採光面積合計 9.89㎡

9.89 ＞ 6.68㎡（53.47×$\frac{1}{8}$）

書式10　面積算定図（寝室）

面積算定図

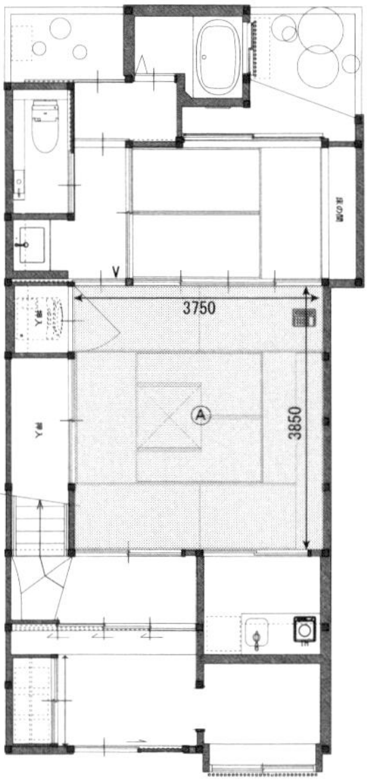

1階平面図

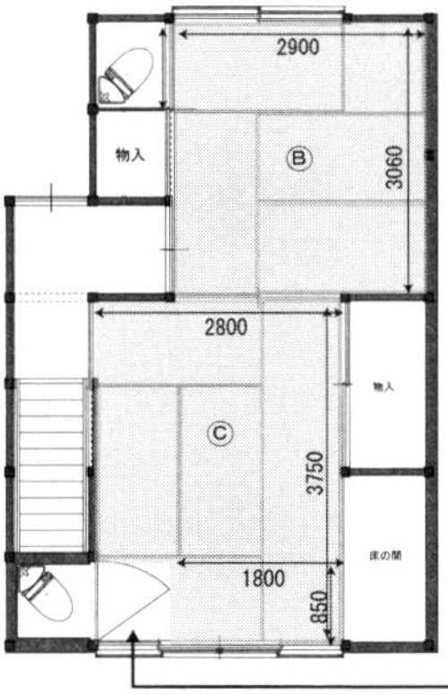

2階平面図

寝室床面積

Ⓐ　3.75×3.85 ＝ 14.43 ㎡

Ⓑ　2.9×3.6 ＝ 10.44 ㎡

Ⓒ　2.8×3.75 ＝ 10.05 ㎡

Ⓓ　1.8×0.85 ＝ 1.53 ㎡

寝室面積合計　36.45 ㎡

宿泊人数

Ⓐ　3.75×3.85 ＝ 14.43 ㎡ ＞ 10 ㎡（2.5 ㎡ ×4 名）

Ⓑ　2.9×3.6 ＝ 10.44 ㎡ ＞ 5 ㎡（2.5 ㎡ ×2 名）

Ⓒ　10.05＋1.53 ＝ 11.58 ㎡ ＞ 5 ㎡（2.5 ㎡ ×2 名）

（2.8×3.75 ＝ 10.05 ㎡
1.8×0.85 ＝ 1.53 ㎡）

寝室の場合は
除外しています。

書式11 建物の正面図

正面図

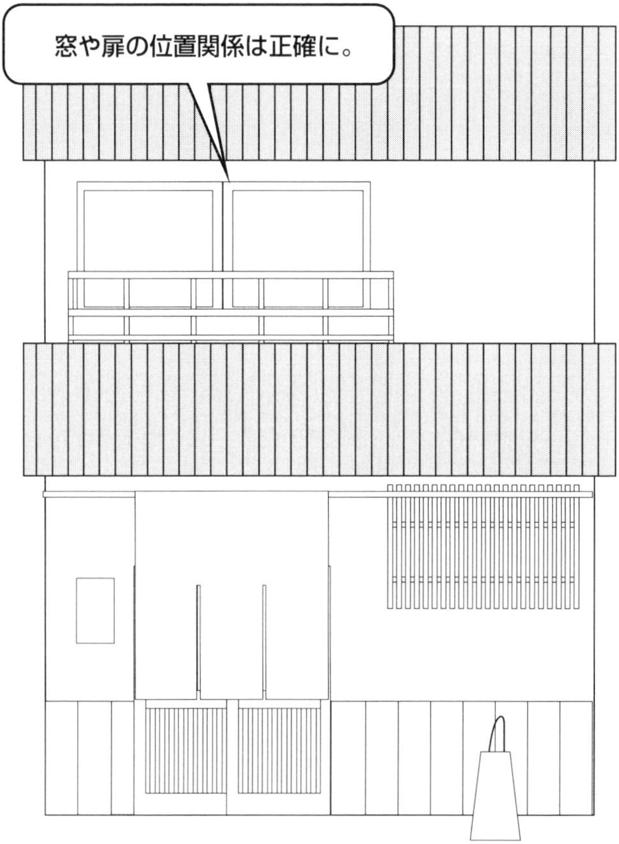

書式12　建物の側面図

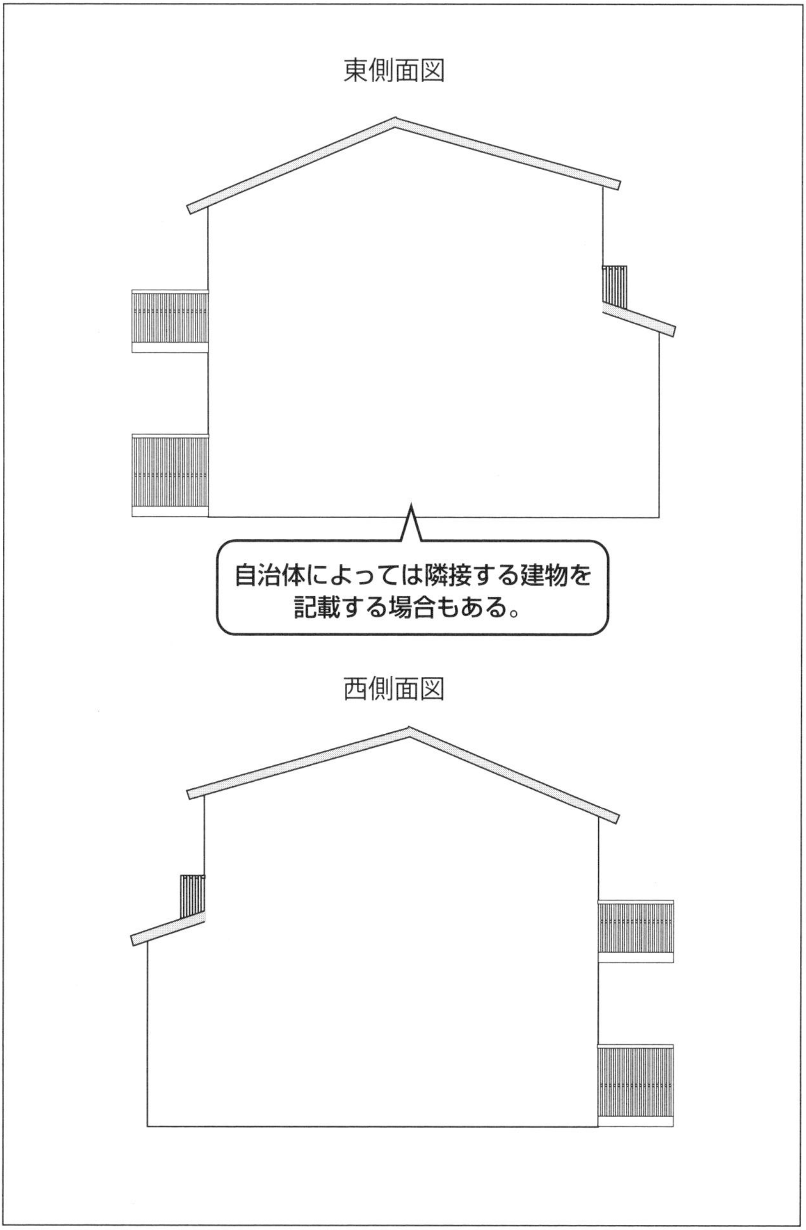

書式13 玄関帳場の構造を明らかにした図面（参考）

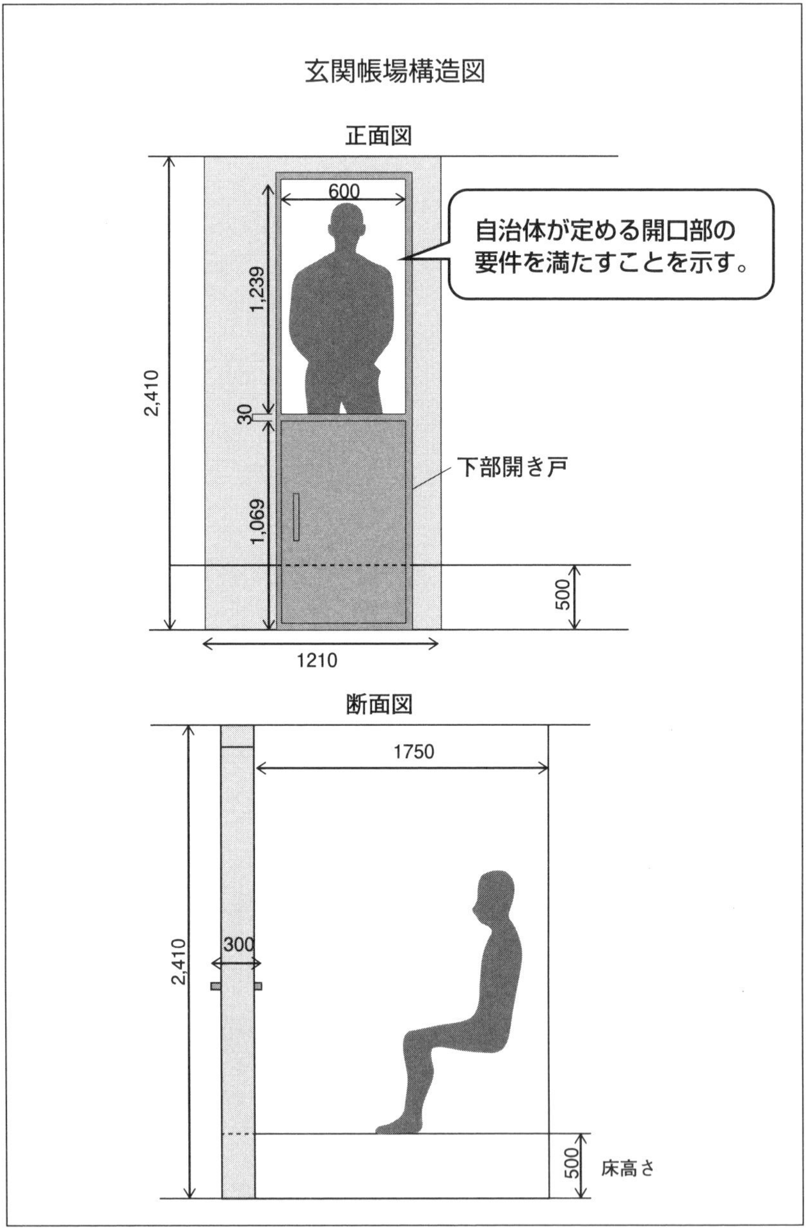

5 条例が旅館業法に与える影響を知っておこう

同じ法律でも自治体の条例により規制はまったく異なる

◉ なぜ、自治体ごとに旅館業の違いが生じるのか

同じ旅館業に対する規制であっても、地域の実情・特性によって旅館業のあり方自体も大きく異なります。たとえば北海道と沖縄県が同じ衛生基準では、どちらかの自治体では宿泊者に対する悪影響が生じかねません。そこで、地域の事情を考慮した条例が自治体ごとに定められています。

もちろん、旅館業に関する条例であれば、どの自治体の条例であっても、その根拠の法律である旅館業法の趣旨や目的を逸脱したものにはなりません。

つまり、その多くの条例は、旅館業法や関連の規則、政令などに規定された基準を具体化したり合理的な範囲で強化するものとなっています。

2016年４月１日に旅館業法に関する「旅館業における衛生等管理要領」が改正され、従来の「玄関帳場…設備を設けること」という記載が「玄関帳場…設備を設けることが望ましいこと」に改正され、それまで旅館業許可の大きな障壁となっていた玄関帳場の設置義務が緩和され、各自治体の判断（条例による規制）に委ねられましたが、その後も多くの自治体が玄関帳場の設置を義務付けたままとなっていました。

その理由が簡易宿所（民泊）増加による近隣トラブル増加への懸念でしたが、東京都の台東区や千代田区の条例については「営業施設には、適正な運営を行うため、営業時間中に営業従事者を常駐させること」というさらに厳しい規制が定められています。

また、兵庫県神戸市のように、条例の端々に宿泊者との直接面接による本人確認を前提とする規制が規定されている例もあります。

◉ 全国一、厳しい京都市の旅館業条例

東京都の台東区や千代田区、兵庫県神戸市などと同様に簡易宿所（民泊）増加による近隣トラブル増加に対して、全国一厳しい条例の制定を進めているのが外国人観光客が増加の一途をたどる京都市です。

京都市では、宿泊施設による周辺住民への配慮や、ゲストのマナー違反の予防、トラブル発生時などの対応が必要になったことを受けて2016年11月に「京都市旅館業施設における安心安全及び地域の生活環境との調和の確保に関する指導要綱」が定められ、2018年３月15日に「京都市旅館業法施行及び旅館業の適正な運営を確保するための措置に関する条例」が制定されました。この条例では、宿泊施設を経営する事業者に対して、適正な施設管理や、地域との調和を図るために必要な措置、宿泊者の安全確保などの責務を課しています。

ここでは、186ページの事例を使って、京都市の条例に基づいた旅館業許可申請の添付書類について、その内容や作成のポイントなどを解説していきます。ここで取り上げる内容の多くは、京都市における住宅宿泊事業の届出においても、同様の添付書類として求められるものになります。

旅館業報告書（書式14、213ページ）

京都市では、旅館業の許可手続きに入る前に、20日間以上の「旅館業計画概要を示した標識」の掲示を義務付けています。この報告書では、この義務を遂行したことの報告（標識設置を何日以上行ったか、どのように設置したか）を記載します。また、旅館業によって排出されるゴミは産業廃棄物処理法に定める「廃棄

物」に該当するため、許可申請時に本書式によって適正な業者にゴミの処理を委託するか（委託しない場合、事業者自身が適切な処理施設に運搬できるか）を説明します。

標識設置状況（書式15、214ページ）

「旅館業計画概要を示した標識」の掲示の様子を実際に写真を貼付した本書式によって報告します。この標識には、「施設所在地」「申請者氏名、名称等」「連絡先」「許可申請予定日」「営業開始予定日」「標識設置日」「説明会の日時・場所」といった内容を記載する必要があります。

■ 利用者への案内

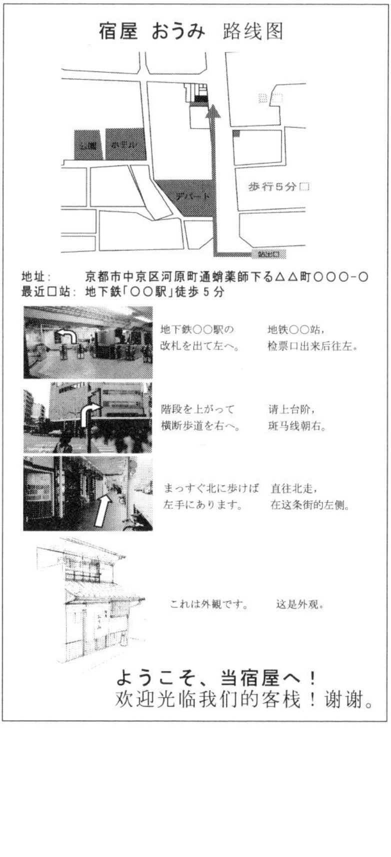

説明状況報告書　第1面（書式16、215ページ）

事業者には、20日間の標識掲示と同時（理想はそれよりも前）に、近隣住民（京都市では、施設の敷地境界から半径10mの範囲内に住む住民）に旅館業で行う事業内容や計画について説明する義務があります。また、近隣住民や町内、自治連合会等から、説明会の開催を求められたときは、これに対応する必要があります。

説明状況報告書は、これら旅館業施設の計画を公開した結果（説明会を行った場合は、その詳細）を説明する書類となります。

「説明方法」の欄は、旅館業施設計画について、個別に説明を行った場合に記載します。多くの場合、「個別訪問」や「回覧板による周知」が行われていますが、個別訪問の場合は「相手方の自宅玄関」と記載し、回覧板による周知の場合は「資料投函」と記載します。主にどのような意見が述べられたか、その意見に対してどのような回答を行ったかを詳細に記載する必要があります。

個別訪問等は５名以上になることもありますが、同様の書式を追加することで施設の敷地境界から半径10mの範囲内に入るすべての近隣住民の内容を記載する必要があります。

説明状況報告書　第2面／第3面（書式17、18、216、217ページ）

第２面は、個別に説明をするよう要望を受けた場合や、説明会の開催を求められた場合に関する書式です。たいていの場合は、町内会長または周辺住民より説明会の開催を要望されることになるため、下段に説明会の詳細を記載します。説明会で配布した資料や、説明会に参加した住民の出席簿、議事録などを添付する必要があります。近隣住民や町内会と協定書を締結した場合は、話し合いの顛末が集約されているため、必ず写しを添付する必要があります。

第３面は、許可取得における運営方法が施設外帳場を設けて行う場合に記載が必要です。

要領は第１面（書式16）と同じで、施設外帳場の敷地境界から半径10mの範囲内に入るすべての近隣住民の内容を記載する必要があります。

説明状況報告書に虚偽がある場合、後のトラブルに繋がることがありますので、注意が必要です。これら条例に基づく書式には、別途添付書類として近隣住民の迷惑とならないよう、ゲストに対し適切な時機に以下のような指導事項をどのように実施していくかについて、実際に使用する書類や屋外広告物意匠図などを提出しなければなりません。

- 早朝・夜間に、許可施設付近の路上において、旅行かばんを引く音や騒音を立てないこと
- 施設やその付近において大声、物音、その他の迷惑となる騒音を立てないこと
- 施設の付近で、たばこの吸い殻やゴミをみだりに捨てないこと
- 施設の敷地外や敷地内の公共の場所から見える場所に決まりに反したゴミ出しをしないこと
- 自治会や近隣住民と取り決めた周知事項
- その他、ゲストによる近隣住民に対する迷惑行為を防止する上で必要と認められる事項

これらを踏まえて添付する主な書類の説明は以下のとおりです。

① 施設周囲の住民に周知した文書（218～222ページ）

個別訪問や説明会開催の際に、周知した案内文をはじめ、事業者自身や管理会社の連絡先などを記載した文書を添付する必要があります。京都市では、条例で近隣住民からの苦情、問い合わせに対応することが求められており、施設前に事業者の氏名（法人

の場合は名称、代表者氏名）、施設の名称、営業種別、などを明示することが求められますが、これらの内容は、事前に文書によって周知することも重要です。

② 利用者に対する案内（209ページ）

宿泊施設を営む事業者は、施設の立地や交通手段を踏まえて、ゲストが容易に施設に到着できるように案内文書を事前に知らせておく必要があります。また、211ページの指導事項のうち「早朝、夜間に旅行かばんを引く音など、騒音を立てないこと」等もあわせて事前に注意喚起しておく必要があります。

③ 迷惑行為の防止（209、223ページ）

211ページの指導事項の各種を実際に、チェックイン時や、ゲスト滞在中常に注意喚起し、防止しなければなりません。

④ 施設の区別を向上させる措置（下図）

民泊では、他の施設との外観上の区別を示すため、看板や照明などに工夫をする必要がありますが、京都市では、屋外広告物の意匠などを添付する必要があります。

■ 屋外広告物意匠図

書式14　旅館業報告書

第３号様式（条例第１７条第１項関係）

旅館業報告書

（宛先）京都市長	○○○○年　○月　○日
申請者（報告者）の住所（法人にあっては、主たる事務所の所在地） 京都市下京区○○町○○番地○○	申請者（報告者）の氏名（法人にあっては、名称及び代表者名） 株式会社　井口屋 代表取締役　井口 真助 電話　075 －000　0000

京都市旅館業法の施行及び旅館業の適正な運営を確保するための措置に関する条例（以下「条例」という。）第１７条第１項の規定により報告します。		
営業の種別		□旅館・ホテル営業　☑簡易宿所営業　□下宿営業
営業施設	名称	宿屋　おうみ　電話 075－000－0000
	所在地	京都市中京区　河原町三条下る△△町○○番地
報告事項	標識の設置	標識の設置期間：　60　日 （設置日：　　、報告日：　　） 標識を設置した場所の変更の有無　（□有　☑無） 標識の設置状況の写真（別紙１参照）
	説明の状況	別紙２参照
	廃棄物の処理の方法	□営業者が自ら廃棄物の処理施設に運搬 ☑廃棄物収集運搬許可業者への収集・運搬の委託 委託先（予定）の事業者の名称　許可番号　収集頻度（予定） 一般廃棄物：【アカギ商会（○○○）】【週３回】 □営業者が自ら廃棄物の処理施設に運搬 ☑廃棄物収集運搬許可業者への収集・運搬の委託 委託先（予定）の事業者の名称　許可番号　収集頻度（予定） 産業廃棄物：【アカギ商会（○○○○○○）】【週１回】
	代理人の選任	選任の有無（□有　☑無） 代理人の氏名（法人にあっては、名称及び代表者名）及び連絡先 電話　－　－
	避難通路	最も狭い通路の幅：　5　m（配置図にも明示してください。）
備考		

注１　該当する□には、レ印を記入してください。
２　廃棄物の処理の方法に関して、営業者が自ら廃棄物の処理施設に運搬する場合については排出方法（処理施設までの運搬方法）を示す資料を添付してください。
３　廃棄物の処理を行うに当たり、施設内及びその敷地内での廃棄物の適正な保管状況を示す資料及び周辺住民又は近隣住民の生活環境に配慮した廃棄物の収集又は搬出計画書等を添付してください。
４　代理人を選任する場合にあっては、代理権を証する書類を添付してください。
５　案内の際に用いる文書等（条例第１８条第３項関係）を添付してください。
６　宿泊者に対する説明に使用する文書、図面等（条例第１８条第５項関係）を添付してください。

参考事項	収受印
	保健福祉局

書式15 標識設置状況

（別紙１）

標 識 設 置 状 況

写　　　　真	備　　考

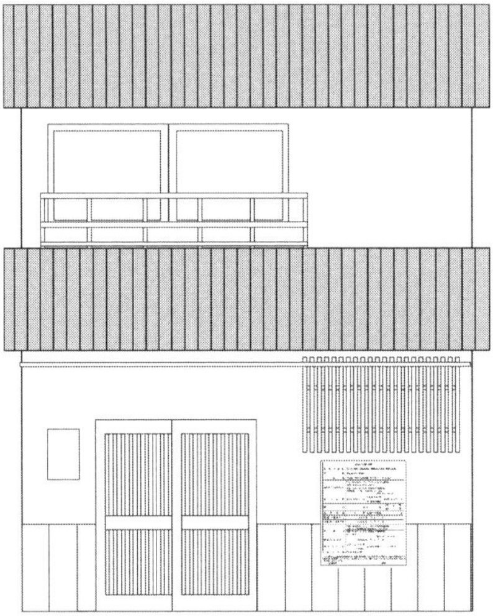

旅館業の計画の概要			
営業の種別	□ホテル営業 □旅館営業 ☑簡易宿所営業 □下宿営業		
名称	宿屋おうみ（仮称）		
所在地	京都市中京区河原町通蛸薬師下る△△町○○○番地		
設置者（申請予定者）	住所（法人にあっては，主たる事務所の所在地） 京都市下京区○○町○○番地○○		
	氏名（法人にあっては，名称及び代表者名） 株式会社　井口屋　代表取締役 井口 真助 電話 075-000-000		
延べ面積	84.64 平方メートル	旅館業の用に供する部分の面積	84.64 平方メートル
構造	木造	階数	地上 2 階 地下 階
客室の数	1 室	宿泊者の定員	人
申請予定年月日	○○○○年 ○ 月 ○ 日		
営業開始予定年月日	○○○○年 ○ 月 ○ 日		
管理者	住所（法人にあっては，主たる事務所の所在地） 京都市中京区河原町通三条下る○○町○○番地		
	氏名（法人にあっては，名称及び代表者名） 山本　藤吉 電話 090-0000-0000		
標識設置年月日	○○○○年 ○ 月 ○ 日		
説明会の日時	○○年 ○月 ○ 日 ○ 時から	説明会の場所	○○寺内

注　該当する□にはレ印が記入してあります。

この標識は，京都市旅館業法の施行及び旅館業の適正な運営を確保するための措置に関する条例に基づき設置したものです。この計画について，問い合わせたいことがある方は，次の連絡先に申し出てください。

（連絡先）　　　　電話　　—

注１　標識を設置した場所及びその周辺の状況を示す写真並びに標識に記載された事項を容易に判読することができる写真を添付してください。

２　写真については別添とすることも可能です。

書式16　説明状況報告書（第１面）

（別紙２）

（第１面）

説明状況等報告書			
条例第１６条第３項の規定する説明を実施したことを、以下のとおり報告します。			
近　隣　住　民			概　　　要
1	（氏名） 吉高 俊太郎	住　所	△△町○番地○
		説明方法	☑対面説明・□説明会・□文書投函（実施年月日○○年○月○日 ）
		意　見	□なし ☑あり（反対はしませんが、説明会は開催してください。）
		回　答	承知しました。後ほど、日程調整させてください。
2	（氏名） 石田　栄吉	住　所	△△町○番地○
		説明方法	☑対面説明・□説明会・□文書投函（実施年月日○○年○月○日 ）
		意　見	□なし ☑あり（他の施設で騒音が気になっています。対策は？）
		回　答	ハウスルールに加え、防音効果の高い改装と騒音センサー設置を行います。
3	（氏名） 池内　蔵馬	住　所	△△町○番地○
		説明方法	☑対面説明・□説明会・□文書投函（実施年月日○○年○月○日 ）
		意　見	□なし ☑あり（民泊は反対です。町内会の判断に委ねます。）
		回　答	承知しました。会長さんと説明会の予定をしていますので、当日できれば参加してください。
4	（氏名） 中島　伸行	住　所	△△町○番地○
		説明方法	☑対面説明・□説明会・□文書投函（実施年月日○○年○月○日 ）
		意　見	□なし ☑あり（火災にだけは注意してください。 ）
		回　答	承知しました。施設内は火器不使用で消防設備も設置し、消防署の検査も受けます。
5	（氏名） 新宮 吉之助	住　所	△△町○番地○
		説明方法	☑対面説明・□説明会・□文書投函（実施年月日○○年○月○日 ）
		意　見	□なし ☑あり（反対はしません。周囲に迷惑かけないように）
		回　答	承知しました。
説明資料	配布したもの	☑申請施設における計画の概要 ☑施設の使用方法 ☑問合せ連絡先 ☑迷惑行為の対処方法 □その他（　　　）	
	提示したもの	□申請施設における計画の概要 □施設の使用方法 □問合せ連絡先 □迷惑行為の対処方法 □その他（　　　）	

注１　該当する□には、レ印を記入してください。
　２　施設と当該施設が存する建築物の敷地から１０メートルの範囲内にある敷地に存する建築物（その外壁又はこれに代わる柱の面（以下「外壁等」という。）と当該施設が存する建築物の外壁等との間の水平距離が２０メートルを超えるものを除く。）の位置の状況を示す図書を添付してください。なお、説明した近隣住民等が判別できるよう図書に示してください。
　３　近隣住民の氏名欄は、説明先の近隣住民の氏名が判明した場合に記載してください。
　４　説明した近隣住民が５を超える場合については、説明状況等報告書（第１面）を適宜追加してください。
　５　説明に使用した資料を添付してください。

書式17 説明状況報告書（第2面）

（第２面）

条例第１６条第４項の規定により、			□個別説明 ☑説明会	を実施したので、以下のとおり報告します。
個別説明	1	相手方	住所	
			氏名	
		日時		年　月　日　時　～　時
		場所		
		説明者		
		意見		□なし □あり（　　　）
		回答		
	2	相手方	住所	
			氏名	
		日時		年　月　日　時　～　時
		場所		
		説明者		
		意見		□なし □あり（　　　）
		回答		
	3	相手方	住所	
			氏名	
		日時		年　月　日　時　～　時
		場所		
		説明者		
		意見		□なし □あり（　　　）
		回答		
	☑ 個別説明の求めがなかったため、実施していない。			
説明会		日時		○○○○年○月○日　開催回数　1　回
		場所		京都市中京区河原町三条下ル××町□□番地
		出席者		申請者側 3 名　住民側 19 名
		意見		騒音、火災、視界、ゴミ対策など別紙のとおり取り決めた協定書を締結する。
		回答		承認します。後日、調印の日程調整をお願いします。
		□ 説明会の求めがなかったため、実施していない。		
説明資料		配布したもの		☑申請施設における計画の概要 ☑施設の使用方法 ☑問合せ連絡先 ☑迷惑行為の対処方法 ☑その他（ 意見集 ）
		提示したもの		□申請施設における計画の概要 □施設の使用方法 □問合せ連絡先 □迷惑行為の対処方法 □その他（　　　）

注１　該当する□には、レ印を記入してください。
　２　個別説明を行った近隣住民等が３を超える場合については、報告書（第２面）を適宜追加してください。
　３　説明会に参加した出席者の氏名が分かる名簿を添付してください。
　４　説明会を２回以上行った場合にあっては、説明会毎について報告してください。
　５　説明に使用した資料を添付してください。

書式18 説明状況報告書（第3面）

（第３面）

<table>
<tr><td colspan="4">施設外玄関帳場に係る事前説明報告書</td></tr>
<tr><td colspan="4">要綱第２３条第６項の規定する説明を実施したことを、以下のとおり報告します。</td></tr>
<tr><td colspan="3">近　隣　住　民</td><td>概　　　　要</td></tr>
<tr><td rowspan="4">1</td><td rowspan="4">（氏名）</td><td>住　所</td><td></td></tr>
<tr><td>説明方法</td><td>□対面説明・□説明会・□文書投函（実施年月日　　年　月　日）</td></tr>
<tr><td>意　見</td><td>□なし　□あり（　　　　　　　　　　　　　）</td></tr>
<tr><td>回　答</td><td></td></tr>
<tr><td rowspan="4">2</td><td rowspan="4">（氏名）</td><td>住　所</td><td></td></tr>
<tr><td>説明方法</td><td>□対面説明・□説明会・□文書投函（実施年月日　　年　月　日）</td></tr>
<tr><td>意　見</td><td>□なし　□あり（　　　　　　　　　　　　　）</td></tr>
<tr><td>回　答</td><td></td></tr>
<tr><td rowspan="4">3</td><td rowspan="4">（氏名）</td><td>住　所</td><td></td></tr>
<tr><td>説明方法</td><td>□対面説明・□説明会・□文書投函（実施年月日　　年　月　日）</td></tr>
<tr><td>意　見</td><td>□なし　□あり（　　　　　　　　　　　　　）</td></tr>
<tr><td>回　答</td><td></td></tr>
<tr><td rowspan="4">4</td><td rowspan="4">（氏名）</td><td>住　所</td><td></td></tr>
<tr><td>説明方法</td><td>□対面説明・□説明会・□文書投函（実施年月日　　年　月　日）</td></tr>
<tr><td>意　見</td><td>□なし　□あり（　　　　　　　　　　　　　）</td></tr>
<tr><td>回　答</td><td></td></tr>
<tr><td rowspan="4">5</td><td rowspan="4">（氏名）</td><td>住　所</td><td></td></tr>
<tr><td>説明方法</td><td>□対面説明・□説明会・□文書投函（実施年月日　　年　月　日）</td></tr>
<tr><td>意　見</td><td>□なし　□あり（　　　　　　　　　　　　　）</td></tr>
<tr><td>回　答</td><td></td></tr>
<tr><td rowspan="2">説明資料</td><td colspan="2">配布したもの</td><td>□当該施設の概要　□付近見取図　□受付け等業務内容
□管理体制　□迷惑行為の防止策　□その他（　　　　　）</td></tr>
<tr><td colspan="2">提示したもの</td><td>□当該施設の概要　□付近見取図　□受付け等業務内容
□管理体制　□迷惑行為の防止策　□その他（　　　　　）</td></tr>
</table>

注１　該当する□には、レ印を記入してください。

２　施設と当該施設が存する建築物の敷地から１０メートルの範囲内にある敷地に存する建築物（その外壁又はこれに代わる柱の面（以下「外壁等」という。）と当該施設が存する建築物の外壁等との間の水平距離が２０メートルを超えるものを除く。）の位置の状況を示す図書を添付してください。なお、説明した近隣住民等が判別できるよう図書に示してください。

３　近隣住民の氏名欄は、説明先の近隣住民の氏名が判明した場合に記載してください。

４　説明した近隣住民が5を超える場合については、施設外玄関帳場に係る事前説明報告書を適宜追加してください。

参考　近隣住民への説明用資料サンプル

1、ご近隣の皆様へ

拝啓、皆様におかれましては、ご清栄のことと存じます。

この度、河原町通蛸薬師下る△△町○○○番地におきまして旅館営業（木造２階建て）を開始する運びとなりました。

改装工事中、ご近隣の皆様には、何かとご迷惑をおかけすることと存じますが、ご理解とご協力を賜りますように何卒、よろしくお願い申し上げます。

2、建築計画の概要

工事名：　宿屋おうみ改装工事
所在地：　京都市中京区西ノ京船塚町16番52、16番４
建物用途：　旅館営業（簡易宿所）
敷地面積：　69.02㎡
のべ床面積：84.64㎡
構造：　木造２階建
客室数：　1
工事期間：　○○○○年○月下旬～○○○○年○月上旬
(事業主・運営管理)
株式会社　井口屋　　京都市下京区○○町○○番地○○　電話　075-000-0000
代表取締役　井口　真助　　電話　090-0000-0000
(設計)
中岡設計事務所　　京都市中京区○○町○○番地○○　電話　075-000-0000
代表　中岡　慎太　　電話　090-0000-0000
(工事施工)
株式会社　近藤建設　　京都市下京区○○町○○番地○○
代表取締役　近藤長治　　電話　090-0000-0000

3、建築工事等に関するご説明

①　作業時間などについて

作業時間は、原則として午前８時から午後６時までとします。ただし前後で準備・点検・片付け・清掃を実施する場合がございます。建物内部の作業等で外部に伝わる騒音・振動の軽微な作業は上記以外の時間帯にも実施する場合があります。

※危険防止安全対策、天候（雨養生・風養生）・交通事情・作業の性質上中断できない作業（コンクリート打設作業、アクシデント等によりやむを得ない作業）については、作業時間延長及び休日作業を行う場合がございます。

やむを得ず休日作業の必要が生じた場合には、事前に近隣居住者に相談しご了解を得て、掲示板にてお知らせします。
日曜日・年末年始は原則として作業は行いません。
（祝祭日は大きな騒音の発生する作業は行いません）。

② **工事中の安全対策について**

・工事車両の出入について

足場材の搬出入、土台・柱等構造材の現場搬入、棟上げ時等は誘導員を配置し、歩行者及び一般車両は最優先を心掛けて誘導を行います。

・騒音、振動、埃対策について

(1) 建設工事による騒音・振動の発生は、その作業の性格上完全に防止することはできませんが、騒音規制法・振動規制法を遵守し、低騒音・低振動工法を採用しできる限り騒音・振動の発生を抑えるように致します。

(2) 外部ｻｲﾃﾞｨﾝｸﾞ（外壁材）ｶｯﾄ加工等は、集塵機を使い粉じんの抑制に努めます。

(3) 場内は散水・清掃を行い、できる限り埃の発生を抑えるように致します。

・工事公害防止対策について

(1) 工事中は現場周辺の汚損防止対策を行ない、現場周辺の清掃に努めます。

(2) 工事車両により道路を汚さないよう十分注意いたします。

(3) 廃棄物は保管の際、敷地外に飛散しないように留意し、処理については法に従い適正処分を行います。

・隣接家屋等の保全について

(1) 施工に際し、周辺建物その他に損傷や危害を及ぼさないよう万全を期しますが、万が一、本工事に起因して家屋等に損傷等の被害が生じ、それが施工業者の責に帰することが明らかな場合は、その損害に対して修復する等適切な措置を行なうものと致します。

(2) 上記における修復等の措置については、誠意をもって近隣居住者と協議し、その内容、方法等を検討致します。

③ 風紀・衛生・火災防止について

作業員に対して、安全対策・風紀衛生等の維持について、指導監督を徹底します。

④ その他

・火災・騒音対策について

建物が耐火木造であり、消防法令を遵守しています。また、通常の木造の壁に比べてかなり分厚い壁を用いています（通常の木造建物約15センチ。当該建物約23センチ）。

・耐震性について

構造計算が義務付けられており、現行法を十分にクリアする耐震性を確保しております。

４、完成後の施設運営に関するご説明

① 運営形態について

本物件は、旅館業許可（種別：簡易宿所）を取得し、適法に運営する宿泊施設です。

② 管理形態について

・９時～18時の間は、職員が常駐致します。18時以降については、職員は常駐しませんが、深夜・休日も含めて連絡は常に取れる形態といたします。

・電話連絡を頂きますと、日本語、中国語、英語対応できる職員は常に配置しております。

・消防署の指導により、火災報知設備、消火器、避難誘導等を設置します。

・騒音対策、ゴミ、火の扱いなどに関することは事前にハウスルールを作成、通知します（添付資料）。

ハウスルールを形骸化させない４段階の周知方法

ⓐ 予約サイトでの需要注意事項記載

ⓑ 予約受付時の案内文による通知

ⓒ チェックイン時における口頭注意

ⓓ 施設内にポスター等で掲示（三か国語）

・防犯カメラを設置し、不法投棄や不審者、悪徳商法などさまざまな事件の証拠を記録します。本地域の安全を守ります。

・24時間緊急連絡先（添付資料）

上記でもトラブルが発生した場合は、24時間体制で緊急連絡に対応します。

③ 利用形態について

・マナー水準の高い宿泊客（観光客）を対象にし、中期間（３日～５日）でゆっくり旅行する顧客にゆるやかにくつろいで頂く計画です。

→安い宿泊費の民泊や簡易宿所を好むようなバックパッカーや学生旅行客を対象にしないことで可能な限り事前にトラブルを回避します。

5、施設の場所と施設イメージについて

宿屋 おうみ 路线图

地址:　　京都市中京区河原町通蛸薬師下る△△町〇〇〇-〇
最近车站:地下鉄「〇〇駅」徒歩 5 分

地下鉄〇〇駅の改札を出て左へ。　地铁〇〇站，检票口出来后往左。

階段を上がって横断歩道を右へ。　请上台阶，斑马线朝右。

まっすぐ北に歩けば左手にあります。　直往北走，在这条街的左侧。

これは外観です。　这是外观。

■ 連絡先の周知文書

ご近隣の皆様へ

旅館営業に係る説明会・意見聴取会開催のお願い

拝啓 時下ますますご清祥のこととお慶び申し上げます。この度は突然のことで皆様におかれましては、大変ご不安のこととお察しいたします。

弊社らが、下記のように計画しております旅館営業に関しまして、ご近隣のみなさまに、お話の機会を頂きたく、ご連絡させて頂きます。

今回、弊社らが宿泊事業を開始するにあたりまして、近隣の皆様にご迷惑をおかけすることのない運営を誠心誠意尽力させて頂くため、まずは、皆様のご不安な気持ちや、ご要望などをお聞かせ頂きたく考えております。

お忙しい中、大変恐縮でございますが、何卒よろしくお願い申し上げます。

記

●所在地：京都市中京区河原町通蛸薬師下る△△町○○○番地
●客室数:建物を１組の宿泊者に提供する１棟貸しの予定（宿泊者数最大５名）。
●説明会実施日時：○○○○年○月○日　　説明会会場：○○寺

（事業主・運営管理）
株式会社 井口屋　京都市下京区○○町○○番地○○　電話 075-000-0000
代表取締役 井口 真助　電話 090-0000-0000

（設計）
中岡設計事務所　京都市中京区○○町○○番地○○　電話 075-000-0000
代表 中岡慎太　電話 090-0000-0000

（工事施工）
株式会社 近藤建設　京都市下京区○○町○○番地○○
代表取締役 近藤長治　電話 090-0000-0000

※当日は、工事内容や運営面の計画についてご説明させて頂き、皆様のご意見等も拝聴させて頂ければと思っております。

敬具

迷惑行為の防止や対処

館内でのすごし方

- 館内での迷惑行為、隣近所への迷惑行為をされた方は退館していただく場合があります。
- 周辺道路における不法駐停車、携帯電話は館内で通話するなど、近所迷惑にならないよう、お願いします。
- ベランダおよび館内、玄関前で大声で騒いだり、歌うなどの喧騒な行為、また他人に嫌悪感を与えたり迷惑を及ぼす行為、その他、賭博行為など公序良俗に反する行為をなさらないでください。
- ゴミは外に捨てず、分類してゴミ袋にいれて、室内の決められた場所にまとめて置いてくださる様、お願いします。
- 周辺地域への広告物の配布や物品の販売、その他勧誘行為などは禁止致します。
- 当館に次の物を持ち込むことは禁止しております。
  悪臭・異臭のある物
  火薬・鉄砲・刃物等の危険物
  著しく多数量な物品
- ペット同伴でのご利用は、固くお断りいたします。
- ベランダを含め、館内は全室禁煙です。やむをえず喫煙される場合は館内の決められた場所でお願いします。近隣へ吸い殻をみだりに捨てないでください。
- 館内は土足厳禁です。玄関で靴を脱いでください。
- お食事は居間にてお願いします。寝室等でのご飲食はお控えください。
- 館内の設備、備品の損傷や汚損、また鍵を紛失された場合には、その物品の相当額を負担していただきます。
- 館内の備品を、所定の場所からみだりに移動したり、許可なく変更、加工なさらないでください。
- 当館では宿泊者以外の方の入館を固くお断りしております。
- お出かけする場合は、エアコンの電源を切ってください。
- 何か問題が発生した場合、随時私どもにご連絡ください。
- 窓を全開にしないでください。
- チェックアウトの際、鍵は当社スタッフにお渡しいただくか、所定の場所にお戻しくださる様、お願い致します。

Attention

- If you make a bad behavior to the neighbors in distress, we will ask you to check out.
- Please be quiet to respect other residents during your stay.
- Please don't speak loudly, singing in the house, gambling prohibition , Please don't trouble to neighbor.
- Please do not throw garbage casually outside.Please classify placed，Please throw all garbage into the waste box. Also, please use special plastic bag for extra garbage.Please put the garbage in the balcony.
- Don' t allowed to sell any products to neighbors during your stay.
- The following items are prohibited.
  Odor items.
  Gunpowder, guns, knives and other items.
  A large number of reselling goods, dangerous goods etc.
- No pet.
- No smoking.
- Please don't put your shoes into the room, you can change your shoes in the hall.
- Please have a food in the dining room.
- The key, all of the equipment, facilities, goods were damaged or lost, please compensate.
- Please care all the indoor equipments, please do not move furniture.
- In the list of people can be allowed live in.
- Please turn off the air conditioner whenever you go out.
- Please e-mail us when you have any questions about the room or if you have any problems.
- Check out, please put the key back into the original place.

室内利用规則

- 如果做出不好的行為，給周圍的鄰居帶來困擾，我们会請您退房
- 請在屋内打電話，請不要在外打電話，以免打擾到鄰居
- 在屋内請不要大聲喧嘩，唱歌，禁止在屋内賭博，以免給鄰居造成困擾
- 請不要把垃圾隨意丢到外邊，請分類放置，請把所有垃圾扔進垃圾箱，放到阳台
- 入住期間，不允許向周圍鄰居推銷廣告品等
- 屋内禁止攜帶以下物品
  惡臭，異味的物品
  火藥，槍炮，管制刀具等物品
  大量倒賣物品，危險物品等
- 請不要攜帶寵物
- 請不要在公寓房間内吸煙
- 請不要把鞋穿到室内，可以在玄關處把鞋換掉
- 請在客廳用餐
- 鑰匙，屋内所有的設備，設施，物品被損壞或丢失，請原價賠償
- 請注意室内設備不被破壞，請不要隨意移動屋内設施，物品
- 民宿内禁止入住者名單以外的人入住
- 當您外出時，請關閉所有空調
- 如果有任何問題，請隨时與我們聯繫
- 不要把窗户全打开
- 退房時，請把鑰匙交给公司员工或者放回原處

簡易宿所
【宿屋 おうみ】
お問い合わせ先

【施設に関する情報】
所在地：京都市中京区河原町通蛸薬師下る△△町○○○番地
電話：075－000－0000

【管理者の緊急連絡先】
住所：京都市左京区田中里ノ前町５４－１
電話：075－000－0000（24時間対応）
会社：株式会社　井口屋
代表取締役　井口 真助（いぐち しんすけ）
※営業開始までのお問い合わせは下記まで

【営業開始前の連絡先】
担当：井口真助（いぐち　しんすけ）090－0000－0000
山本藤吉（やまもと とうきち）080－0000－0000
中島信之（なかじま のぶゆき）090－0000－000

6 消防関係の届出について知っておこう

旅館業には厳しい基準の消防設備設置が必要

◉ 旅館業と消防法の関係

民泊などの宿泊施設は、不特定多数の人間が出入りするため、万が一火災が発生すると、甚大な被害が発生します。そのため、一般の建造物よりも防火に対する管理は高度なものが要求されることになる防火対象物とされ、さまざまな消防設備の設置が求められます。消防法施行令別表第１によると、旅館・ホテル、宿泊所は、防火対象物にあたることが明記されています（同施行令別表第１⑸項イ）。

なお、住宅宿泊事業法に基づく住宅宿泊事業も建物用途が「居宅」である建物を用いますが、宿泊室の床面積が50㎡以下の家主居住型の場合を除き、旅館やホテルに類するものとして旅館やホテル同等の消防設備の設置などが求められます。

◉ 宿泊者の安全の確保が重要

営業する宿泊施設について一定の要件を充たすと、非常用照明器具の設置や防火区画などの措置が必要になります。

一定の要件とは、家主非居住型で宿泊者の使用に用いる部分が50㎡を超える場合です。一戸建てや長屋（連棟）の場合でも、マンションなどの共同住宅の場合でも基本的に考え方は同じですが、一戸建てや長屋（連棟）の場合、床面積や階数に応じてさらにさまざまな措置が必要になるので注意が必要です。

◉ 消防設備の設置に伴う手続き

手続きには以下のような書類を作成する必要があります。

消防用設備等（特殊消防用設備等）設置届出書（書式19、227ページ）

民泊において宿泊室の床面積が50㎡以下の家主居住型住宅宿泊事業の場合を除き、火災発生場所の感知器の信号を建物全体に警報音を伝えることができる自動火災警報装置の設置義務は免れることができません。ただし、この設備や設置工事の費用はかなり高額になるため、小規模な施設にとっては本格的すぎる設備だといえます。そのため、延べ面積が300㎡未満の場合、簡易な無線連動式自動火災報知設備の設置さえ行えば、本格的な設備の設置は免除されています。したがって、事前に消防署にこの設置届書の提出について相談しておく必要があります（事前に承認申請をしなければならない自治体もあるため）。

① 防火対象物の概要

宿泊施設に関する概要を登記記載事項に従って記載します。

② 消防用設備等（特殊消防用設備等）の種類

民泊の場合、設置する特殊消防用設備は、特定小規模施設用自動火災報知設備です。

③ 工事

工事欄は実際に工事を依頼する電気工事士の名称等を記載します。なお、通常の自動火災報知設備を設置できる資格は、消防設備士（甲種）のみとなっていますが、配線工事が不要な無線連動式自動火災報知設備の場合は、消防設備士の資格を有さない電気工事士でもかまいません。

防火対象物使用開始届出書（書式20、228～229ページ）

消防法では、施設に関して防火対象物という概念が設けられています。防火対象物は、不特定多数の人間が出入りするため、万が一火災が発生すると、甚大な被害が発生します。そのため、一般の建造物よりも防火に対する管理は高度なものが要求されることになります。

①　「届出者」

防火対象物（宿泊施設）を使用しようとする者の住所、電話番号、氏名を記載し、押印します。法人の場合は、本店所在地、電話番号、商号、代表者氏名となります。

②　「敷地の概要」

宿泊施設がある土地関係の詳細を記載します。防火地域や用途地域は、都道府県ホームページや所管の都市整備局等ホームページで検索し、確認できることも多いようです。

③　「防火対象物の概要」

宿泊施設そのものの詳細を記載します。「用途」の項目は消防庁のホームページに掲載されている「消防法施行令別表第一（防火対象物の用途区分表)」に従って記載します。たとえば、簡易宿所であれば「(5)項イ」となります。

④　「設計・施工者等」

実際に設計、施行を行った業者に詳細を確認した上で記載します。

⑤　「裏面」

届出の理由（建築、改装等の工事となります）を具体的に記載します。配置図については、建物の一部の場合は建物全体と宿泊施設に用いる部分がわかるように作成します。

戸建ての場合は、隣接する建物や避難経路と想定される通路を記載しますが、連棟の場合、隣接する界壁が天井裏まで耐火構造となっているかなどを明示する必要があります。

消防法令適合通知書交付申請書（書式21、230ページ）

消防法令適合通知書交付申請書は、営業しようとする業種によって「申請理由区分」を選択します。本書で取り上げた京都市の書式では、旅館業の例を用いたものを掲載しておきます。

書式19　消防用設備等（特殊消防用設備等）設置届出書

第８号様式の４（第 14 条の３関係）

消防用設備等（特殊消防用設備等）設置届出書

○○年○○月○○日

東京消防庁

消防署長　殿

届出者

住　所　東京都大田区大森南○丁目○番地○

電話　03 （○○○○）○○○○

氏　名　株式会社 スター

代表取締役　星　輝夫

下記のとおり、消防用設備等（特殊消防用設備等）を設置したので、火災予防条例第 58 条の３第１項の規定に基づき届け出ます。

記

防火対象物の概要	名　　称	宿屋蒲田本町				
	所　在　地	東京都大田区蒲田本町○丁目○番地○				
	用　　途	（ 5 ）項　（ イ ）				
	構造・階層	木 造地上 2 階 地下　　階				
	面　　積	敷地面積 36.34 ㎡　床面積 35.43 ㎡ 延べ面積 35.43 ㎡				
消防用設備等（特殊消防用設備等）の種類		特定小規模施設用自動火災報知設備				
工事	種　　別	（新設）・増設・移設・取替え・改造・その他（　　　）				
	設計者	住　所	東京都大田区池上○丁目○番地○　電話 03（○○○○）○○○○			
		氏　名	醍醐　恵			
	施工者	住　所	東京都大田区池上○丁目○番地○　電話 03（○○○○）○○○○			
		氏　名	醍醐　恵			
	消防設備士	住　所	東京都大田区池上○丁目○番地○　電話 03（○○○○）○○○○			
		氏　名	醍醐　恵			
		免　状	種類等	交付知事	交付年月日 交付番号	講習受講状況 受講地 / 受講年月
			（甲）・種類 乙	東京　（都道）府県	H2年2月22日 第00000号	東京　（都道）府県 / H27年2月
完成年月日						

（注：（　）内は原本で丸囲み）

※　受　付　欄	※　決　裁　欄

備考　1　届出者が法人の場合、氏名欄には、その名称及び代表者氏名を記入すること。
　　　2　※欄には、記入しないこと。

（日本工業規格Ａ列４番）

書式20 防火対象物使用開始届出書

第3号様式の2（第12条の2関係）

（表）

防火対象物使用開始届出書

○○ 年 ○ 月 ○ 日

東京消防庁
○○消防署長　殿

届出者
住　所 東京都大田区大森南○丁目○番地○
電話　03　(○○○○) ○○○○
氏　名 株式会社 スター 代表取締役 星　輝夫

下記のとおり、防火対象物又はその部分の使用を開始したいので、火災予防条例第○条の○第○項の規定に基づき届け出ます。

記

敷地の概要	名　称	木造 地上２階			
	所在地	東京都大田区蒲田本町○丁目○番地○			
	防火地域	防火地域		用途地域	近隣商業地域
	敷地面積	36.34㎡			
防火対象物の概要	工事等場所	宿屋蒲田本町			
	所有者	住　所	東京都大田区大森南○丁目○番地○電話　03　(○○○○) ○○○○		
		氏　名	株式会社 スター　代表取締役　星　輝夫		
		所有形態	(単　独)・共　有・区　分・その他		
		分　類	証券化・指定管理・民間資金活用（PFI） その他（　　　）		
	所有者との関係	(本　人)・賃　借・転　借・その他（　　　）			
	工事等開始日	○○年○月○日		使用開始日	○○年○月○日
	工事等種別	内装			
	用　途	（５）項　イ（　簡易宿所ラウンジ　）			
	面積等	建築面積　○○○.○○㎡　延べ面積　○○○.○○㎡			
	構造・階層	鉄筋コンクリート造　地上８階　地下１階			
設計・施工者等	設計者	住　所	東京都大田区池上○丁目○番地○電話　03　(○○○○) ○○○○		
		氏　名	醍醐　恵		
	施工者	住　所	東京都大田区池上○丁目○番地○電話　03　(○○○○) ○○○○		
		氏　名	醍醐　恵		
	防火安全技術講習修了者	住　所	電話　（　）		
		氏　名			
		修了証番号		修了年月日	
		修了課程			
	石油機器技術管理講習修了者	住　所	電話　（　）		
		氏　名			
		修了年月日		修了証番号	
※ 受付欄			※ 経過欄		

具体的な記載方法がわからない場合には、管轄の消防署の予防係に相談する。

（日本工業規格Ａ列４番）

（裏）

工事等の概要	1　宿泊施設への用途変更に伴う工事である 2　特定小規模施設用自動火災報知設備、設置の対象である

配　置　図

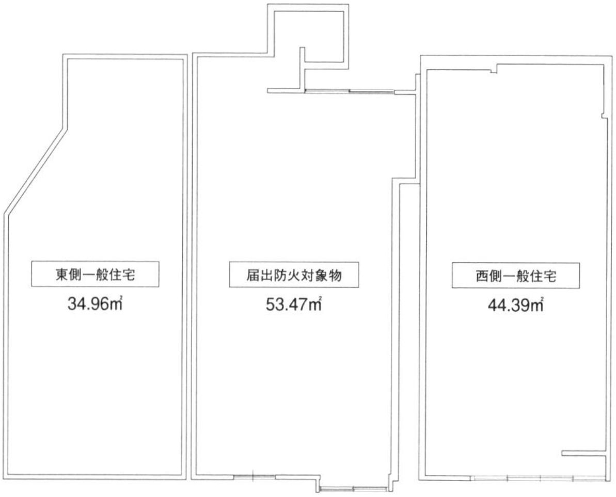

備考　1　届出者が法人の場合、氏名欄には、その名称及び代表者氏名を記入すること。
2　同一敷地内に管理権原が同一である２以上の防火対象物がある場合は、主要防火対象物のみ本届出書とし、他は防火対象物の概要欄を別紙として防火対象物ごとに作成し、添付することができる。
3　防火安全技術講習修了者欄は、当該講習修了者が本届出書の内容について消防関係法令に適合しているかどうかを調査した場合に記載すること。
4　石油機器技術管理講習修了者欄は、地震動等により作動する安全装置を設けることとされている設備又は器具を設置（変更）する場合に記載すること。
5　※欄には、記入しないこと。
6　工事等の概要欄には具体的な工事等の概要を記載すること。
7　配置図欄には防火対象物の配置図を記載すること。

書式21　消防法令適合通知書交付申請書

第１号様式（第２条関係）

消防法令適合通知書交付申請書

（宛先）京都市　　消防署長	年　　月　　日
申請者の住所（法人にあっては，主たる事業所の所在地） 京都市下京区〇〇町〇〇番地〇〇	申請者の氏名（法人にあっては，名称及び代表者名。記名押印又は署名） 株式会社　井口屋 代表取締役　井口 真助 電話 075-000-000

下記の防火対象物の 全体／部分 について，消防法令適合通知書の交付を申請します。

防火対象物	名　　称	宿屋　おうみ
	所 在 地	京都市中京区河原町通蛸薬師下る△△町〇〇〇番地
申請区分	☑ 旅館業法第３条の規定による営業の許可 □ 旅館業法施行規則第４条の規定による構造設備の変更の届出 □ 国際観光ホテル整備法第３条又は第１８条第１項の規定による登録 □ 国際観光ホテル整備法第７条第１項又は第１８条第２項において準用する第７条第１項の規定による施設に関する登録事項の変更の届出 □ 風俗営業等の規制及び業務の適正化等に関する法律第３条の規定による営業の許可 □ 風俗営業等の規制及び業務の適正化等に関する法律第９条の規定による構造又は設備の変更等の承認又は届出 □ 興行場法第２条第１項の規定による営業の許可 □ 京都市興行場法施行細則第７条の規定による構造設備の変更の届出 □ 公衆浴場法第２条第１項の規定による経営の許可 □ 公衆浴場法施行規則第４条の規定による構造設備の変更の届出	

※ 整理番号		※ 交付番号	
※ 受付年月日	年　月　日	※ 交付年月日	年　月　日

注１ 「全体／部分」の文字については，該当しない文字を横線で消してください。

２ 申請に係る営業施設が防火対象物の部分の場合は，当該営業施設の名称を（　　）内に記入してください。

３ 該当する□には，レ印を記入してください。

４ 防火対象物の付近見取図，配置図，平面図その他必要な資料を添付してください。

５ ※印の欄は，記入しないでください。

Q 民泊施設も防火対象物に該当するのでしょうか。

A 防火対象物とは、消防法における火災予防の対象となる建築物等のことを指します。防火対象物は、その用途に応じてグループに分類され、グループごとに、消防用設備等の設置等に関して基準が定められています。

防火対象物には、建築物だけでなく、船舶等や山林も含まれます。防火対象物は、大きく、「一般住宅」とそれ以外の「政令で定める防火対象物」とに分けられます。

なお、各防火対象物には収容人員が定められます。収容人員とは、その防火対象物に出入りする人、勤務する人、居住する人の数をいいます。収容人員数の違いにより、避難器具等の設置や、防火管理者の選任の必要性が異なってきます。

政令で定める防火対象物の種類は、図表（次ページ）のとおりですが、民泊の場合、旅館業の許可を受けるものは「(5)項イ」に該当します。

また、主な防火対象物について、収容人員の算出方法は233ページ図のとおりです。

防火対象物のうち、旅館などの防火対象物で、多数の人が出入するものを特定防火対象物といいます。

なお、住宅宿泊事業についても、「(5)項イ」の「旅館、ホテル、宿泊所その他これらに類するもの」として取り扱うとすることが2017年10月27日の消防庁からの通知で明らかにされています。

ただし、家主居住型（63ページ）について、宿泊室の床面積の合計が50㎡以下となるときは、通常の住宅「(5)項ロ」として取り扱うとされています。

■ 政令で定められている防火対象物（消防法施行令別表第一）

(1)　イ 劇場、映画館、演芸場、観覧場、ロ 公会堂、集会場

(2)　イ キャバレー、ナイトクラブ等、ロ 遊技場、ダンスホール、ハ 性風俗関連特殊営業を営む店舗等、ニ カラオケボックス等

(3)　イ 料理店等、ロ 飲食店

(4)　百貨店等、展示場

(5)　イ 旅館、ホテル等、ロ 寄宿舎、下宿、共同住宅

(6)　イ 病院、診療所、助産所、ロ 特別養護老人ホーム、有料老人ホーム（一部）、介護老人保健施設、障害児入所施設、障害者支援施設（一部）等、ハ 老人デイサービスセンター、有料老人ホーム（一部）、障害者支援施設（一部）、更生施設、保育所、児童養護施設、身体障害者福祉センター等、ニ 幼稚園、特別支援学校

(7)　小学校、中学校、高等学校、高等専門学校、大学、専修学校等

(8)　図書館、博物館、美術館等

(9)　イ 蒸気浴場、熱気浴場等、ロ イで示した公衆浴場以外の公衆浴場

(10)　車両の停車場、船舶や航空機の発着場（一部）

(11)　神社、寺院、教会等

(12)　イ 工場、作業場、ロ 映画スタジオ、テレビスタジオ

(13)　イ 自動車車庫、駐車場、ロ 飛行機や回転翼航空機の格納庫

(14)　倉庫

(15)　(14)までの各項に該当しない事業場

(16)　イ 複合用途防火対象物のうち、その一部が(1)～(4)、(5)イ 、(6)、(9)イの用途であるもの、ロ イ以外の複合用途防火対象物

(16の2)　地下街

(16の3)　連続して地下道に面している建築物の地階と、その地下道とを合わせたもの（(1)～(4)、(5)イ 、(6)、(9)イの用途を含むものに限る）

(17)　重要文化財、重要有形民俗文化財、史跡や重要美術品等として指定や認定された建造物

(18)　50m 以上の長さのアーケード

(19)　市町村長の指定する山林

(20)　総務省令で定める舟車

■ 防火対象物の収容人員の算定方法

項	建物の区分	収容人員の算定方法
(1)	劇場や集会場など	従業員の数、固定式のいす席の数などを合算する
(2)	遊技場	従業員の数、遊技器具を使って遊技を行える者の数、固定式のいす席の数を合算する
	その他	従業員の数、客席部分のいす席の数などを合算する
(3)	料理店や飲食店など	従業員の数、客席部分のいす席の数などを合算する
(4)	百貨店など	従業員の数、従業員以外の者が使用する部分を一定の面積ごとに1人として計算した数を合算する
(5)	旅館やホテルなど	従業員の数、いす席の数、ベッド数などを合算する
	寄宿舎や下宿など	居住者の数
(6)	病院や診療所など	医師・歯科医師・助産師・看護師の数、病床の数などから算定
	養護老人ホーム、老人福祉センターなど	従業員の数と、老人、身体障害者の数などを合算する
	幼稚園や特別支援学校	教職員や幼児、児童の数などを合算する
(7)	小学校、中学校など	教職員や生徒、学生の数などを合算する
(8)	図書館、博物館、美術館など	従業員の数と、閲覧室や展示室などの部分を一定の床面積ごとに1人として計算した数を合算する
(9)	公衆浴場や蒸気浴場など	従業員の数と、浴場・脱衣場・マッサージ室などの部分を一定の面積ごとに1人として計算した数を合算する
(10)	車両の停車場や航空機の発着場など	従業員の数
(11)	神社や教会など	僧侶や牧師などの数と、礼拝場・集会場・休憩所の部分を一定の床面積ごとに1人として計算した数を合算する
(12)	工場やスタジオなど	従業員の数
(13)	車庫や特殊格納庫など	従業員の数
(14)	倉庫	従業員の数
(15)	事業場(事務所)	従業員の数と、主として従業員以外の者が使用する部分を一定の床面積ごとに1人として計算した数を合算する
(17)	文化財	床面積 5.0 ㎡ごとに1人

Q 旅館業や住宅宿泊事業法などの民泊を行う際に必要とされる非常用照明とはどんな照明装置なのでしょうか。

A 非常用照明は、宿泊施設など不特定多数の人が出入りする施設で、火災などにより停電した際も速やかに安全に避難できるように部屋や通路に配置するよう義務付けられるもので、停電時でも一定の照度を保つ照明装置をいいます。

非常用照明装置の設置が義務付けられる建物の居室は、宿泊施設に限らず、①劇場、病院、学校、百貨店などの特殊建築物と呼ばれる建物の居室、②階数が３以上で、延べ面積が500㎡超の建築物の居室、③採光上有効な開口部の面積が居室の床面積の20分の１以下の居室、④延べ面積が1,000㎡超の建築物の居室です。また、これらの居室から地上へと至る廊下、階段などの通路などにも、非常用照明装置の設置が義務付けられています。

ただし、以下の建築物、建築物の部分は、非常用照明装置の設置義務はありません。

・民泊をしない一戸建て住宅、長屋や共同住宅の住戸
・病院の病室、下宿・寄宿舎の寝室等の居室
・学校など
・避難階、避難階の直上階、避難階の直下階で、避難上問題がないものなど

非常用照明装置の構造については、直接照明（間接照明は認められない）で、床面の照度は１ルクス（ルクスとは照度の単位のこと）以上を確保します。火災時に温度が上昇しても、光度が極端に落ちてはいけません。停電時に機能するように、予備電源も必要です。

また、火災時に停電した場合に自動的に点灯し、避難するまでの間、室内の温度が上昇した場合でも床面の照度が１ルクス以上確保できる非常用照明装置も、認められています。

Q 民泊の管理業者と防火管理者は何が違うのでしょうか。

A 民泊の管理業者は、旅館業法に基づくものであっても、住宅宿泊事業法に基づくものであっても、宿泊者のチェックアウト後の清掃や、消耗品の補充、リネン類の交換、宿泊に関する問い合わせ対応、チェックイン（鍵の受け渡し）、代金収受、設備使用説明など宿泊事業の運営管理の肝にあたる作業を行う者を指します。

一方で、防火管理者ですが、旅館やホテルといった「不特定多数の者が出入したり、勤務するような建築物（消防法では、これを防火対象物といいます）では、火災が起こった場合、消火活動や避難行動がスムーズに行われず、重大な被害が生じる可能性が高くなります。

そこで消防法により、一定の基準を満たす防火対象物に消防計画の作成や消火・避難訓練の実施、消火活動に必要な施設の点検と整備させる防火管理者を設置し、業務を行わせる義務を課しています。

防火対象物は、建築物の種類に応じて規制内容を区分けしていますが、旅館やホテル、宿泊所では、建築物の収容人員が30名以上（この場合、宿泊客の上限と考えてよい）の場合に、防火管理者を選任しなければなりません。

また、消防法では建築物の種類ごとに異なる面積要件を設けて「甲種防火対象物」と「乙種防火対象物」に区分しています。

旅館やホテル、宿泊所では、床面積300㎡以上「甲種防火対象物」、床面積300㎡未満を「乙種防火対象物」としていますので、選任する防火管理者も床面積300㎡以上であれば、甲種の防火管理講習を修了した者、床面積300㎡未満であれば、乙種の防火管理講習を修了した者から選任しなければなりませんので、注意が必要です。

このように旅館業法や住宅宿泊事業法でいう管理者と、消防法でいう防火管理者は名称が似ていても、別の役割を持った者といえます。

Q 長屋（連棟）では、民泊がしにくいと聞きましたが、なぜでしょうか。

A 長屋（連棟）では、多くの場合、民泊をする事業者以外の部屋の住民に対しても消防設備の設置をお願いしなければならなくなります。そもそも、長屋（連棟）は、1つの建物を壁で区切って複数の住戸とする構造になっており、それぞれの住戸と住戸の界壁が共有されています。つまり、ある意味では一つの大きな住戸とも考えることができるわけです。このことから、長屋（連棟）の一部で宿泊事業を始めることで、消防法上は全体を一つの防火対象物（231ページ）として扱うことになるため、長屋（連棟）全体に消防設備の設置義務が発生します。隣の宿泊事業の利益のために、何の利益もない住民が消防設備の設置義務を受けるという状況を受け入れる事は皆無といえますので、事実上、長屋（連棟）における民泊は難しいと言われているわけです。ただし、自治体によっては、長屋（連棟）に対する消防設備設置の特例を定めている場合もあります。たとえば、京都市では宿泊事業を行おうとする部屋と、その他の部屋（住戸）の界壁が準耐火構造（251ページ）の場合、あるいは、21㎜の石膏ボードを小屋裏か天井裏まで達する工事を行えば、その他の部屋（住戸）については、消防設備設置をしなくてもよいという特例を定めています。

■ 京都市の特例

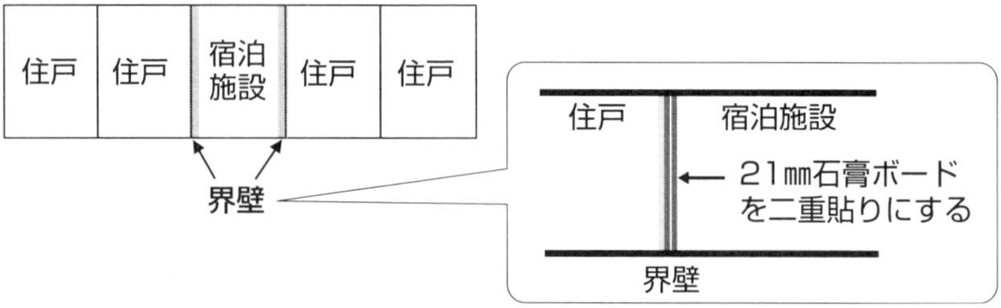

7 民泊のトラブル対応策について知っておこう

ゲストや近隣住民とのトラブルの発生の予防と対策

◉ どんなトラブルが想定されるのか

民泊ビジネスでは、さまざまなトラブルが生じます。トラブルが発生する主な要因は、大きく分けて２つあります。１つ目は、ゲストとホストがインターネット上の情報だけでやり取りをするという点、２つ目は、見ず知らずの外国人を自分達の生活空間などに招き入れるという点です。

ゲストはインターネット上の紹介ページを見て、利用したい宿泊施設を探します。ホストは、多くのゲストに興味を持ってもらえるよう、自分の施設をうまく紹介していかなければなりません。特に、建物の外観や部屋の内装などの写真は、アピールするために欠かせない要素です。そのため、できるだけよい印象を持ってもらえるよう、写真の撮り方に工夫を凝らす人も多いようです。

しかし、実際よりも優良な施設であるかのように勘違いをさせてしまうと、ゲストが実際に現地を訪れた際に「話が違う！」とクレームがくる場合があります。このような事態の発生は、ホストとしての信用を落とすだけでなく、ゲストから宿泊料の返金を求められたり、さまざまなペナルティを科せられることも予想されます。

情報の受け取る側の立場に立ち、やり過ぎない程度のアピールにとどめておくよう心がけることが大切です。

また、パソコンやスマートフォンなど、画面上の確認だけでやり取りをすると、読み忘れや読み間違い、勘違いなどが生じる可能性が高くなります。したがって、重要な事項については、何度もメールなどで伝えるようにしたり、プリントアウトしてもらうように促すなど、念を押した確認を求めるとよいでしょう。

また、外国人にとって宿泊施設までの道順がわからず、近隣住民に聞き回ったり、間違った建物に立ち入ってしまうなどのトラブルも多くあります。間違いがなくなるような案内図の作成や、他の建物との区別が明確になるような工夫（目立つ看板やのれんなど）を講じる必要があります。

◉ 文化の違いによるトラブルはあるのか

たとえば、欧米諸国では靴を脱ぐ習慣がないため、土足のまま部屋に上がり込んでくることがあります。文化の違いによるトラブルは事前に注意事項を明確に伝えることで回避することが可能です。前述の土足の例であれば、玄関先に土足厳禁である旨をゲストの使用する言語で書いた張り紙やステッカーなどを貼り、スリッパなどを準備しておくだけで防ぐことができます。

また、トイレについても文化差が激しい生活習慣といえます。便座の座り方や、トイレットペーパーの流し方、水の流し方などを絵などを使ってわかりすく書いた紙を貼っておくようにするとよいでしょう。

この他、ゲストに守って欲しい事項などがあれば、紙に書いて壁に貼っておくなど、少しの工夫でトラブルは避けることができます。

◉ 宿泊拒否をすることはできないのか

あまり考えたくないことですが、訪日外国人による盗難や暴行など、刑事事件が発生したケースも多く存在していますので、危機管理意識は常に持っておくことが大切です。万が一、何か事件に巻き込まれた場合には、必ずすぐに警察に通報しましょう。

まず、旅館業法では、宿泊客が違法行為をするおそれがあると認められる場合や、伝染病の疾病にかかっていることが明らかな場合に宿泊を拒否することができます。

また、住宅宿泊事業法では、宿泊させたくない客について受け入れを拒否することができるようになっています。住宅宿泊事業法の届出を選択する場合は、少しでも不安な要素が感じられたり、おかしいなと思うような部分がある場合は、躊躇せずに宿泊拒否をするようにしましょう。なお、2023年の旅館業法改正により、旅館施設についても「特定要求行為」に該当する者への施設側に宿泊拒否ができるようになりました。これは以下のような行為が該当します。

・宿泊料の不当な割引、不当な慰謝料要求、不当なチェックイン前倒し、不当なチェックアウト時期の延長、過剰なサービスを繰り返し求める
・ゲスト側がホスト側に「社会的相当性を欠く方法による」謝罪を繰り返し求める
・ゲストが泥酔しており、長時間にわたる介抱を繰り返し求める
・対面や電話、メールで長時間、叱責したり、不当な要求を繰り返す

また、2020年以降のコロナウィルス感染拡大を受けて、施設側が感染防止対策の協力の求めや宿泊を拒むことができる感染症も明確化されています（ハンセン病元患者、HIV/エイズは対象外）。

◉ 地域コミュニティとの調和を図る

特に家主非居住型では、ホストの目が行き届かなくなる分、マナー面についてのトラブルが発生しやすくなる傾向があります。

夜中に大声で騒ぐ、ゴミ捨てのルールに従わないなど、近隣住民からのクレームが生じることはよくあることです。ゲストには、

地域の人々の迷惑になる行為をしないよう、十分注意喚起をしておく必要があります。
　また、住宅宿泊事業法ではマンションでも行えるといっても、セキュリティの厳しいファミリー向けの分譲マンションや高級マンションなどは、不特定多数の人の出入りを好まない傾向にあるため、民泊ビジネス用の物件には不向きです。マンションの管理規約に民泊を禁止する分譲マンションも出現しており、民泊ビジネスを始める際には、このようなタイプのマンションは避けるようにしましょう。なお、マンション購入時には管理規約に民泊を禁ずる条項は盛り込まれていなくても、その後、ある一定の要件を充たせば、管理規約を変更して民泊を禁止する条項を設けることができます。
　したがってまず、民泊ビジネスを始める前に所有するマンションが民泊を禁止していないかどうか確認する必要があります。
　管理規約で民泊が禁止されていなくても、トラブルが多発すれば、管理規約を変更して、民泊が禁止されることもあります。そうならないためにも、民泊ビジネスを始める前の段階から、管理者や他の入居者との交流を図り、民泊への理解と協力を求めておく必要があります。いきなり不特定多数の外国人がマンションに出入りするようになれば、誰でも当然不信感を抱きます。
　戸建て、マンション、いずれの場合であっても、民泊が持つ特徴や、絶対周囲に迷惑をかけないように配慮すること、問題が生じた場合に備えて苦情窓口を用意することを、しっかり検討した上で、他の住民に説明して同意を得るようにしましょう。
　民泊は、地域コミュニティとの調和が図られることで、初めて成功したといえます。ホストとゲスト、地域住民いずれもが納得できて、初めて充実した異文化交流を実現できるのです。

◉ 賃貸借契約の場合には大家の許可をとる必要がある

民法612条では「賃借人は、賃貸人の承諾を得なければ、その賃借権を譲渡し、又は賃借物を転貸することができない」と定められており、大家（賃貸人）に無断で部屋をまた貸し（転貸）をすれば、大家は賃貸借契約を解除することができるとされています。

民泊は、特区民泊を除けば賃貸借契約ではなく宿泊契約であることから、厳密には「また貸し」にあたらないにしても、民泊ビジネスは反復継続して行われることから、「また貸し」と同じ状況にあるといえます。また大家に無断で民泊を開始することは、「賃借人を信用して部屋を貸した」大家の信頼を裏切ることにもなりますので、大家に無断で民泊を行えば、賃貸借契約を解除される可能性は十分にあります。そのため、民泊に使用する宿泊施設が賃貸物件である場合には、事前に大家の許可をとる必要があります。

◉ もしトラブルが発生してしまったら

ここまで、情報提供、ゲストの見極め、地域との連携など、さまざまな注意点について説明をしてきましたが、これらの項目についてどんなに注意を払っていても、トラブルが生じることはあり得ます。トラブルが発生した場合には、被害を最小限に抑えることを考えるようにしましょう。

まず、迅速に対応することが何よりも重要です。ゲストからのクレームであっても、地域住民からのクレームであっても、まずは真摯に相手の意見を受け止め、すぐに対応にあたるようにしましょう。すぐに動くという姿勢を見せるだけでも、相手の怒りは収まりやすくなるものです。軽微なクレームであれば、対応の速さで、結果的は高評価を得られる可能性もあります。事態が深刻なトラブルの場合は、Airbnbなど利用しているサイトのヘルプセンターや、行政機関の設置している相談窓口などに相談しましょう。一人で抱え込まずに、第三者に助けを求めることが大切です。

◉ トラブル防止のためにハウスルールを作る

ハウスルールとは、ホストがゲストに守ってもらいたい家の取り決めごとをいいます。喫煙可能なエリアはどこか、家電製品の使い方やトイレの使い方、ゲストが使用できる部屋の範囲はどこまでか、土足厳禁の徹底や、ゴミ出しの仕方や建物内では騒音を出さないなど、ホストとゲスト、ゲストと近隣住民との間のトラブルを回避し、快適に民泊ビジネスを行えるよう、さまざまな約束事をハウスルールという形でまとめておく必要があります。

ハウスルールは英語など複数言語で記載し、写真やイラストなどを用いて、視覚的にわかりやすく明示するとよいでしょう。

Airbnbでは、ハウスルールが公開されるため、ゲストは宿泊リクエストを送る前に、必ず定められたハウスルールを読んで、これに同意しなければなりません。ハウスルールと同時に保証金を設定しておけば、ルール違反によって損害が発生した場合、ホストは保証金を受け取ることができ、ゲスト側としても、追加料金を避けたいとの心理から、ルールに従った行動をとるので、リスクヘッジにもなります。

■ トラブルの防止のためにすべきこと

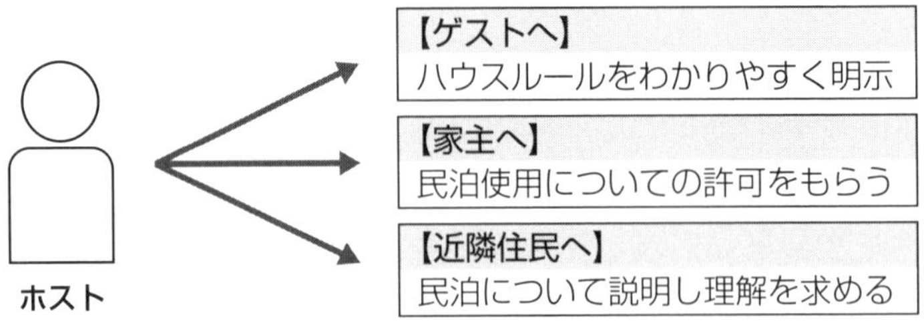

◉ 地域で受け入れられる物件なのかをよく調査する

地域住民にとっては、近隣に民泊ができることは、パチンコ店やアミューズメント施設などが近隣にできるのと同様に不安に感じていることを認識しておく必要があります。見ず知らずの人が多数訪れるようになる点では、民泊もパチンコ店なども変わらないからです。

軽井沢町（長野県）などのように「不特定多数による利用や風紀を乱すおそれ」を理由として、民泊施設の設置を自治体内の全域で認めない自治体も存在します。

民泊を始める際は、その計画段階から地域に対して説明会を行うなど、営業内容について周知を図り、地域住民と良好な関係を構築することが望ましいといえます。また、物件を購入する前には、法令上の規制だけでなく、自治体が民泊についてどのような対応を取っているのかを確認しておくことが重要です。

Point解説　住民説明会と協定書

「住民説明会に応じるのは義務か」ということをよく質問されます。

まず、旅館業法や住宅宿泊事業法で住民説明会開催は義務付けられていません。また、各都道府県や市町村の条例で住民説明会自体を義務付けている例もまず、ありません。では、住民説明会などは必要ないかといえばそういうわけでもありません。

「粛々と法律や条例に従い、役所の手続きをこなしているんだから、営業をするのは自分の勝手だ」という姿勢は大変危険です。

近隣住民の説明会開催要望というのは法律論ではなく、感情論で「法律さえ守れば何やってもいいと思っているのか」と余計に紛糾する結果となります。事実上、近隣住民を無視して営業開始できたとしても、営業開始後に近隣からの視線、態度、「反対運動の貼り紙」などで、嫌な想いをするのは宿泊するゲストです。結果、継続的な顧客満足度の高い営業は難しくなります。

同じ理由で、近隣住民との約束を明文化する協定書についても、無理をしない範囲で締結していく方が、結果的には健全な営業が継続できると考えられます。

書式22 地域住民との協定書

協 定 書

京都市中京区河原町通蛸薬師下る△△町○○○番地における宿泊事業に関し、△△町町内会（以下「甲」という）と営業者及び管理者である株式会社井口屋（以下「乙」という）とは、以下のとおり協定書を締結する。

第１条（目的） 本協定書は、乙が運営を行う本件物件について、周辺住民に対する迷惑行為を防止するとともに近隣住民の健全かつ完全な生活環境の確保が図られるよう、必要な事項について定める。

第２条（営業者の責務） 乙が運営を行う本件物件の営業において、周辺住民との間で問題が生じた場合、乙は責任を持って速やかに解決しなければならない。

第３条（営業者の連絡先の明示等） 乙は、本件物件の名称、乙の法人名及び代表者の氏名、管理者名、連絡先について、外部からわかる場所に明示するものとする。

２　前項に加えて、乙は、あらかじめ緊急時に連絡が可能な連絡先を甲に通知するものとする。また、変更が生じた場合も同様とする。

第４条（宿泊事業の運営について） 乙は、本件物件の管理体制について、次の各号に掲げる事項を遵守することとする。

一　消防法に定められた設備の設置を遵守した上、館内は火気厳禁とし、火災予防措置を徹底する。

二　ゴミの処理は、「廃棄物の処理及び清掃に関する法律」や「京都市廃棄物の減量及び適正処理等に関する条例」等に基づき、事業ゴミとして、乙が責任を持って行う。

三　宿泊施設は、近隣住居と明確に区別が付くよう適切な措置を講じるとともに、予約時などにあらかじめ、所在地、最寄駅、道順、その他目印となるものを案内するものとする。

四　近隣家屋へのプライバシーに配慮し、カーテン、すだれ等の目隠し措置を講じなければならない。

五　登下校時間帯における通学路の通行には、特に安全上の配慮を行うものとする。

六　夜間の防犯に備え、適度な照明の常夜灯を設置する。

七　本件物件及びその周辺部の環境美化に努める。

八　乙は、甲や甲の属する自治連合会が実施する消防訓練、防災訓練には積極的に参加するものとする。

2　乙は、宿泊者がチェックインする時には、必ず本件物件内で宿泊者と面接し、旅館業法及び旅館業法施行規則に定められている名簿の記載等、必要な措置をとらなければならない。

第5条（利用者による迷惑行為の防止） 乙は、宿泊者に対し、利用開始前に、次の各号に掲げる迷惑行為がなされないように周知し対策しなければならない。

一　本件物件内及び本件物件近辺で大声を出す行為や騒音をたてる行為

二　たばこのポイ捨てやゴミの投棄

三　前面道路及び周辺道路等への自動車、自転車、バイク等の不法駐停車

四　バーベキューや燻煙、有毒ガス、腐敗等による悪臭など、周囲に迷惑となる行為

五　周辺にたんやつばを吐く、大小便・嘔吐をする行為

六　危険物品の持ち込み、火気類の使用

七　風紀を乱し公序良俗に反する行為

2　乙は、前項に掲げる迷惑行為が発生したときは、直ちにその行為をやめさせるよう宿泊者に対し指導するとともに、適切な原状回復措置をし、再発防止策を講じなければならない。

3　前項に掲げる指導が行われない場合、もしくは宿泊者が乙の指導に従わない場合、甲は、直接、宿泊者に苦情を申し入れることができる。

4　乙は、宿泊者が外国人における滞在中のマナー違反（風習が異なることにより発生することが懸念される事柄を含む）についても、全責任を持つものとし、利用開始前又は適宜、口頭や書面、張り紙等で指導徹底するものとする。

5　宿泊者及び乙が本条を遵守しないことにより、甲に属する住民の

健全な日常生活の維持が困難となる状況が生じた場合、乙は退去等しかるべき措置を講じなければならない。

第６条（本協定の継承について）本協定の継承について、甲及び乙は、次の各号に掲げる事項を遵守することとする。

一　本協定は、甲及び乙の継承人においても効力があるものとし、継承時には、その旨を書面にて通知、継承させる。

二　甲の継承人が本協定に違反し、または、明らかに違反する恐れがある場合、もしくは違反等についての改善の申し入れがあった場合は、甲及び乙は誠実に協議をし、解決を図るものとする。

三　本件物件が、宿泊施設とは異なる用途に変わった場合、本協定書は効力を失う。

第７条（町内会費等について）乙は、蒲田本町町内会の規約に従い、町内会費を納めるとともに、町内会活動に協力するものとする。

２　甲は、町内会活動等に関する情報を適宜、乙に伝えるものとする。

第８条（その他）本協定に定めていない事項又は疑義が発生した場合には、甲及び乙は協議の上、誠意を持って解決に努めるものとし、乙は、甲からの要望を最大限尊重するものとする。

本協定書締結の証として本書を必要部数作成し、署名又は記名捺印の上、各々各１通を保有するものとする。

○○年○月○日

甲：△△町町内会
会長　　吉高　俊太郎　　　㊞

乙：営業者及び管理者
京都市下京区○○町○○番地○○
株式会社　井口屋
代表取締役　　井口　真助　　㊞

Q 用途地域にはどんな種類があるのでしょうか。

A 用途地域とは、都市計画法によって、その場所に建てられている建物の種類や用途などを定めたものです。用途地域を知れば、その地域が将来どんな街並みになるかを予測したり、周囲環境も知ることができます。具体的な用途地域の種類は下図のとおりです。

■ 用途地域の概略

	用途地域の種類	地域特性
住居系	①第1種 低層住居専用地域	低層住宅に係る良好な住居の環境を保護するため定める地域
	②第2種 低層住居専用地域	主として低層住宅に係る良好な住居の環境を保護するため定める地域
	③田園住居地域	農業の利便の増進を図りつつ、これと調和した低層住宅に係る良好な住居の環境を保護するため定める地域
	④第1種 中高層住居専用地域	中高層住宅に係る良好な住居の環境を保護するため定める地域
	⑤第2種 中高層住居専用地域	主として中高層住宅に係る良好な住居の環境を保護するため定める地域
	⑥第1種住居地域	住居の環境を保護するため定める地域
	⑦第2種住居地域	主として住居の環境を保護するため定める地域
	⑧準住居地域	道路の沿道としての地域の特性にふさわしい業務の利便の増進を図りつつ、これと調和した住居の環境を保護するため定める地域
商業系	⑨近隣商業地域	近隣の住宅地の住民に対する日用品の供給を行うことを主たる内容とする商業その他の業務の利便を増進するため定める地域
	⑩商業地域	主として商業その他の業務の利便を増進するため定める地域
工業系	⑪準工業地域	主として環境の悪化をもたらすおそれのない工業の利便を増進するため定める地域
	⑫工業地域	主として工業の利便を増進するため定める地域
	⑬工業専用地域	工業の利便を増進するため定める地域

Q **戸建てを民泊に活用しようと思い、消防署に相談したところ、３階建ては耐火建築物しか行えないと言われました。どういうことでしょうか。**

A 建築基準法により、「３階建以上」か「延べ床面積200㎡以上」の建築物は、一定の基準を満たないとホテルや旅館に活用することができません。具体的には「屋内空間を分けている壁を準耐火構造にし、小屋裏か天井裏に達している」「建物を耐火建築物にする」「主要構造部が準耐火構造や不燃材料の場合、２つ以上の直通階段をつける、居室から階段までの距離を30m以下にする」などの基準に適合する必要があります。他にも「客室の床面積の合計が200㎡を越える場合、中廊下1.6m以上、片廊下1.2m以上、屋内階段幅120㎝以上、けあげ20㎝以下、踏面24㎝以上とする」などがあります。

これらの一例として、消防署では、耐火建築物が挙げられたものと考えられます。なお、長屋（連棟）や共同住宅の各戸の界壁も準耐火構造として、小屋裏か天井裏に達しているものである必要があります。

●耐火建築物とは

主要構造部が耐火構造である建物や、屋内で発生した火災や周囲で発生した火災の熱によっても主要構造部が耐えることができる性能をもっている建物のことを耐火建築物といいます。どちらの場合でも、延焼のおそれのある外壁の開口部には遮炎性能をもつ設備を設けることが必要です。耐火建築物であれば、屋内で火災が発生したケースや、その建物の周辺で火災が発生したケースで、延焼することはありません。火災によって建物が倒壊したり、建物自体が極端に変形してしまうということもありません。

●耐火構造とは

火災が収まるまで建物が倒壊・延焼しない性能（耐火性能）をもつ建築物の構造のことを耐火構造といいます。耐火性能は、非損傷性、遮熱性、遮炎性の３つを合わせたものになります。このうち、非損傷性とは、柱や壁などに対して火災による火熱が一定時間加えられた場合に、変形や溶融などの損傷が生じない性能のことをいいます。

遮熱性とは、壁や床に火災による熱が一定時間加えられた場合に、加熱面以外の面が可燃物が燃焼する温度以上に上昇しない性質のことをいいます。

遮炎性とは、外壁や屋根が、屋内で発生した火災による火熱が一定時間加えられた場合に屋外に火炎を出すような亀裂を生じない性質のことをいいます。これらの性能をもちあわせることで、建物が耐火構造をもつことになります。

具体的には、たとえば、間仕切壁の構造について、「鉄筋コンクリート造、鉄骨鉄筋コンクリート造や鉄骨コンクリート造で厚さが10cm以上のもの」などと定められています。

■ 耐火建築物にあたるかどうか

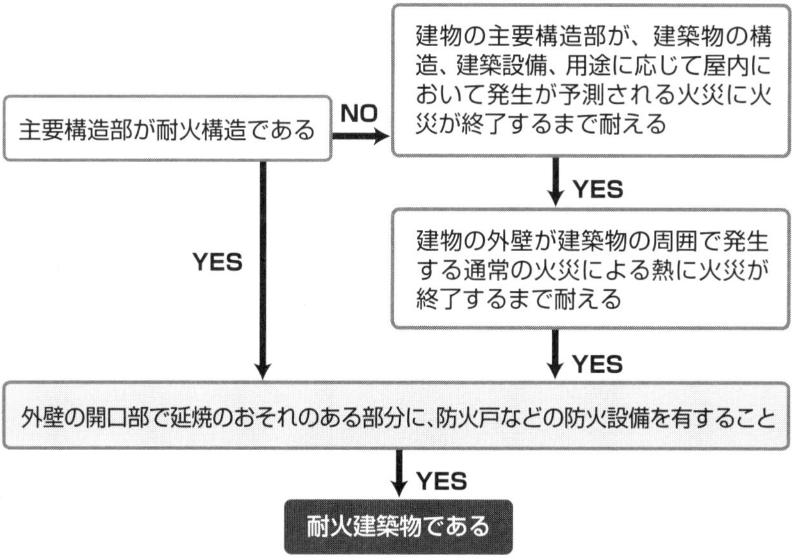

●準耐火建築物と準耐火構造

主要構造部が準耐火構造であるか、準耐火性能をもち、主要構造部に防火上の措置がなされた建物で、外壁の開口部で延焼のおそれのある部分に遮炎性能をもち、防火設備が備えられたものを準耐火建築物といいます。

また、壁や柱などが火災による延焼を抑制する準耐火性能をもっている構造のことを準耐火構造といいます。準耐火性能があるかどうかは、耐火性能と同様に非損傷性、遮熱性、遮炎性の３つの基準から判断されます。

なお、これら建築物の耐火に関する一定の基準は、建物用途がホテ

■ 耐火構造にあたるかどうか

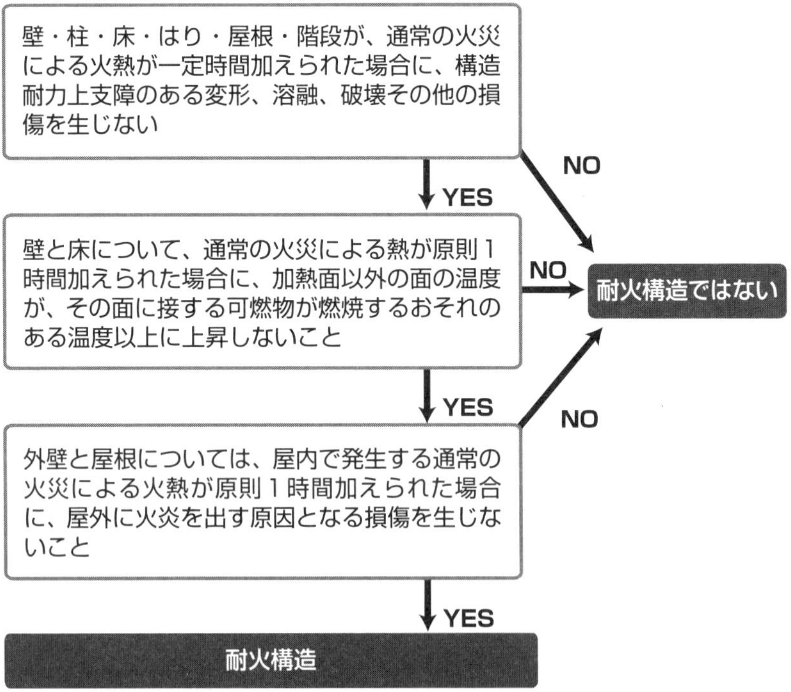

ルや旅館に該当しないとされている住宅宿泊事業に活用する建築物においても、ある程度、用いるとされています。

このことから「３階建以上の建物は耐火建築物」「延べ面積200㎡以上の場合、準耐火建築物」である必要がありますが、住宅宿泊事業法における判断はあくまで「宿泊室の面積（ゲストが寝室として用いる面積）を算定基準としますので、３階建て以上の建物であっても２階までしかゲストに提供しない、200㎡以上の建物であっても200㎡未満しか提供しないといった選択ができます。

■ 準耐火構造にあたるかどうか

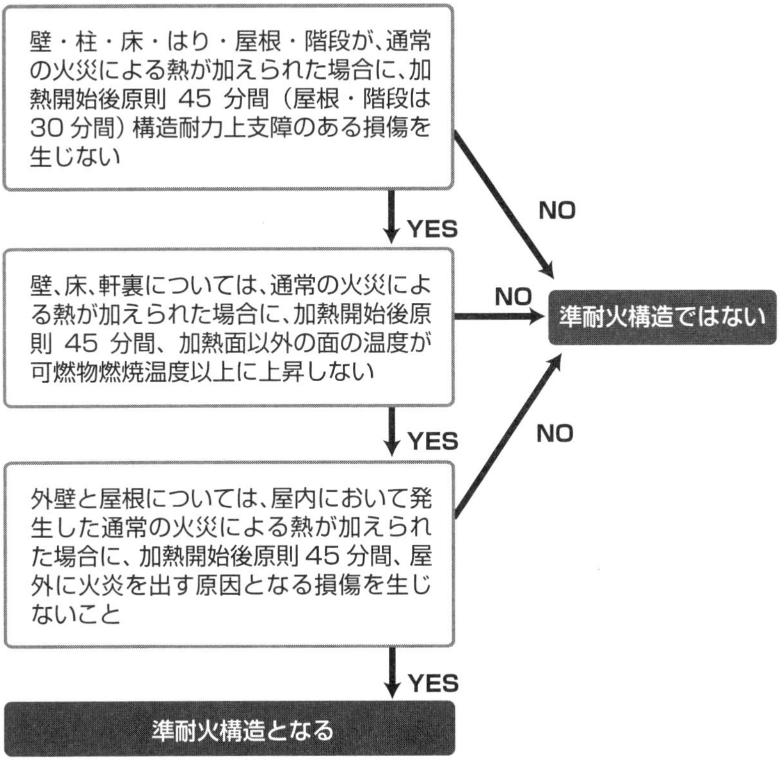

8 営業開始後に必要な事項をおさえておこう

営業を開始するとさまざまな責務が生じる

◉ 営業上の義務

住宅宿泊事業についても同様ですが、旅館業は不特定多数の人が利用するため、衛生措置義務や宿泊者管理義務などが課されています。

①　衛生措置義務

施設の衛生措置義務にはさまざまなものがありますが、主なものとして「浴室」「洗面所」「トイレ」「寝室」「ゴミ処理」などの衛生措置が挙げられます。

・浴室

当然ですが、常に清潔で衛生的に保つ必要があります。具体的には「浴槽は、使用の都度、完全に換水して浴槽を清掃する」ことや、循環式の浴槽の場合、「ろ過器を十分に逆洗浄して汚れを排出する」「ろ過器・循環配管について、適切な消毒方法で生物膜を除去する」などが挙げられます。

・洗面所

洗面所も同様に清潔で衛生的に保つ必要がありますが、「石鹸を常に使用できるよう備えておくこと」や「くし・コップなどを備え付ける場合は、清潔なものとし、宿泊者ごとに交換する」ことなどが必要です。

・トイレ

「臭気の防除に努めること」や「１日１回以上の清掃」「人に直接接触する便座の部分を消毒する」といった点が挙げられます。トイレの手洗いについては洗面所と同様です。

・寝室

寝室の寝具は、原則、シーツやカバーで適切に履い、寝衣や枕カバーなどとともに、宿泊者１人ごとに洗濯したものと取り替えます。なお、同一の宿泊者が連泊している場合であっても、寝衣は毎日、それ以外も３日に１回は交換が必要です。

・ゴミ処理

住宅宿泊事業におけるゴミ処理（67ページ）でも述べましたが、旅館業に起因して生じるゴミは廃棄物（事業活動に伴って生じたゴミ）として処理する必要がありますので、処理する際は、廃棄物収集運搬業許可を有する事業者に委託する必要があります。

また、施設に置いている間も、処理方法に応じて分別集積したり、容器などを、適宜適切に清掃する必要があります。

② 宿泊者管理義務

旅館業者には、感染症が発生したときや感染症患者が宿泊したときに、その感染経路を調査するため、宿泊者名簿を備えることが義務付けられています。宿泊者名簿には、「氏名、住所、職業、性別、年齢、前泊地、行先地、到着日時、出発日時、室名」を記録する必要があります。日本国内に住所をもたない外国人宿泊者の場合は、「国籍・パスポート番号」についても記録が必要です。

この際、正確を期すため、パスポートのコピーを名簿に添付し一緒に保管する例が多いようです。パスポート番号等の記入は、テロ対策の一環として義務付けられました。

◉ 変更が生じた場合

旅館業では、旅館業の申請事項に変更を生じたときには、10日以内に旅館業の変更手続きが必要になります（相続承継は60日以内）。手続きが必要となる変更事由は以下の表のとおりです。ただし、都道府県によって必要な手続きや書類などが異なる場合もありますので、詳しくは所管の保健所に相談しましょう。

なお、すでに個人として営業している旅館業を法人化したいと考えたとしても、新たに法人として許可を取得するためには、新規の許可申請を行う必要があります。この際は、同時に個人の許可について廃業届を提出しなければなりません。当然、法人の許可番号は、新たに付与されるため個人の頃の許可番号を引き継ぐことなどはできません。ただし、旅館業を営む者が死亡した場合、その相続人が引き続き旅館業を営業するときは承認を受けることで継続可能です。

一方で法人として営業している旅館業を他の法人に合併したり分割する場合も、合併または分割の登記前に承認を受ける必要があります（2023年から事業譲渡による承継も可能になりました）。

■ 旅館業に関する手続きが必要な変更事由

変更事由	変更届に添付して提出する書類
申請者の婚姻等による氏名の変更	戸籍抄本
会社名、会社の代表者、事務所所在地の変更（法人の合併分割については以下）	定款・登記事項証明書
営業所名称の変更	
施設内の構造設備の変更 ※構造の著しい変更は新規の申請になります。	新旧平面図 構造設備の概要 消防法令適合通知書 建築確認通知書・検査済証の写し
相続による承継	除籍全部事項証明書（被相続人の死亡の記載のある戸籍謄本） 相続人全員の同意書（相続人が２人以上の場合）
法人の合併または分割による承継	定款・登記事項証明書
旅館業の停止もしくは廃止	旅館業許可証（廃止の場合）

Column

コロナ禍後の民泊需要

コロナ禍後の宿泊需要は、2023年の春以降、回復を続けており、2023年７月の延べ宿泊者数が5,282万人（泊）となっており、新型コロナウイルスの影響が出る前の2019年同月比で、コロナ禍前の水準を上回りました。

また、2023年10月の訪日外客数は、251万人となり、新型コロナウイルス感染症拡大後初めて2019年同月を超えました。

これらの数値は、宿泊需要の回復傾向を示す明確な指標ということができ、７月の時点で国内旅行の需要水準の高い回復を、11月の時点インバウンド需要水準の高い回復を感じることができます。

外国人宿泊者数の回復の兆しは、2022年10月の入国制限緩和に続き、2023年４月の水際対策撤廃により、目立つようになってきました。

そして、2023年７月に外国人宿泊者数が、2019年同月比でほぼコロナ禍前の水準に近づいており、中国を除く外国人宿泊者数はコロナ前を上回る勢いを見せていたわけです。これは、円安の影響が大きいと考えられます。

翌月８月10日には、もともと訪日外国人の３割を占めていた中国から日本への団体旅行が解禁され、10月に訪日外国人客数もコロナ禍前を上回っています。

これらのデータから、国内外の宿泊需要がコロナ禍を乗り越え、回復基調にあることは明らかで、外国人宿泊者数も入国制限の緩和と円安の影響で回復しています。

この傾向が続けば、民泊の需要もさらに回復を遂げることが期待されます。

【監修者紹介】

服部　真和（はっとり　まさかず）

京都府出身、中央大学法学部卒業。服部行政法務事務所（経済産業省認定経営革新等支援機関）、シドーコンサルティング株式会社、synclaw 株式会社を経営。京都府行政書士会参与（元副会長）。日本行政書士会連合会デジタル推進本部委員（元理事）。事業者に対して、法規制のコンサルティングと、行政手続の支援を行い、ソフトウェアやコンテンツなどクリエイティブな側面における権利関係を適切に処理する契約書や諸規程の作成、公的融資や補助金を活用した資金調達を得意とする。
『最新版　契約のしくみと契約書作成の基本』『ネットビジネス・通販サイト運営のための法律と書式サンプル集』『飲食業開業・許認可申請手続きマニュアル』『不動産ビジネスのための許認可のしくみと手続き』『新版　許認可手続きと申請書類の書き方』『最新 建設業法と建設業許可申請のしくみと手続き』『最新 入管法・出入国管理申請と外国人雇用の法律知識』（小社刊）、『できる社長の対人関係』（秀和システム）、『教養としての「行政法」入門』（日本実業出版社）などを出版。

服部真和公式 SNS 集
https://lit.link/hatlegal

事業者必携
改訂新版　記載例つき
民泊ビジネス運営のための
住宅宿泊事業法と旅館業法のしくみと手続き

2024年３月20日　第１刷発行

監修者　服部真和《はっとりまさかず》
発行者　前田俊秀
発行所　株式会社三修社
〒150-0001　東京都渋谷区神宮前2-2-22
TEL　03-3405-4511　FAX　03-3405-4522
振替　00190-9-72758
https://www.sanshusha.co.jp
印刷所　萩原印刷株式会社
製本所　牧製本印刷株式会社

ISBN978-4-384-04935-0 C2032